GOBOOKS
& SITAK
GROUP©

New window 新視野243

活得漂亮是姊的本事

8位古代女傳奇的逆襲！
用才華粉碎偏見與束縛，
為自己的人生做主

季無雲——著

目　錄
CONTENTS

卓文君

她一生通透，是古代「自由婚姻」的先行者

大膽再婚無所懼，有錢任性還叛逆。
天生有火眼金睛，敢於投資「潛力股」。
「潛力股」竟敢有二心？
這一點絕對不能忍！

姊姊小檔案

卓文君（西元前 175 年～前 121 年），中國古代四大才女之一，姿色嬌美、精通音律、才名在外。卓文君與漢代著名文人司馬相如的一段愛情佳話至今被人津津樂道。

卓文君是個離經叛道的女人。

只要一提起她，我們就會聯想到她和司馬相如私奔的故事。在桎梏諸多的古代社會，她為了追求愛情，破釜沉舟，連後路都沒有留一條。不得不說，在無數循規蹈矩的封建女性中，她渾身上下都充滿自由的魅力。

現在說起私奔，沒有那麼驚心動魄，好像只是不被看好的小情侶，一起奮力反抗家裡人而已。古代私奔的代價卻很嚴重，如果被抓了回去，男方會被家族的祠堂除名，他擁有的土地充公，還會被綁起來用棍子擊打至死，女方則會被投入井中淹死。要是兩人未婚發生了關係，更是罪加一等。比如說，女方會被浸豬籠，或者被棒擊腹部一直到子宮脫落為止，手段相當殘忍。不過懲罰並不絕對，也會視情況而定，那些有一定底蘊的家族，兒女要是犯了這樣的錯還罪不至死，反倒是愚昧落後的鄉村更加嚴重，浸豬籠、棒擊腹部一般都作為鄉村的私刑存在。

但無論如何，私奔都會讓家族蒙羞，當事人也將面對社會的眼光和輿論。

好在漢朝時期的風氣比較寬容，卓文君和司馬相如面臨的考驗沒有那麼嚴峻，他們足夠爭氣，成功扭轉了社會輿論，也因此，兩人不走尋常路的愛情，才會被視為掙脫束縛、破繭成蝶的典範，以至到今天都是一樁美談。

但在我看來，卓文君身上最值得學習的，並不是她的勇敢，而是她的通透。儘管深愛司馬相如，卓文君卻從來沒有失去理智，就算在最艱難的時刻也能保持清醒，做出正確的選擇。當你認為她性格激烈時，其實她明白自己將面對什麼樣的局面；可當你認為她委曲求全時，她也有自己的用意和堅持。這些生活哲學藏在細微之處，如果不仔細品讀很容易忽視過去。

不管愛或不愛，卓文君都沒有失去自我，始終保持著一份優雅，行事尺度也把握得剛剛好。這份優雅，最令我心折。

社會眼光算什麼？她只為自己而活

卓文君是個寡婦。

在嫁給司馬相如之前，她還有過一任丈夫，不過歷史上沒有明確記載，那人姓甚名誰、家世如何都是一片空白。我們只能得知，卓文君出嫁沒多久，第一任丈夫就去世了。漢代的筆記小說《西京雜記》裡寫到，這時候卓文君只有十七歲，可以作為參考。

後來，隨著宋朝程朱理學逐步興起，提倡女人守節，要對丈夫從一而終，丈夫死後不能再嫁，或者未婚夫死後不能結婚等，這樣的女人就叫作「節婦」，還能受到表彰。相反，如果違反了這一點，就叫作「失節」，又有「餓死事小，失節事大」的說法。婦女改嫁就是失節，要是娶了失節的女人回家，也會被視為失節，會被抨擊自甘墮落，這些束縛女性的風俗言論一直延續到了民國。

讓我印象很深刻的例子，就是還珠格格的原型固倫和孝公主，她嫁給了和珅的兒子豐紳殷德，後來和珅被抄家死去，豐紳殷德終日消沉，最後病逝。此後，固倫和孝公主獨自生活，直到生命的盡頭。乾隆去世後，繼位的嘉慶帝也對這個妹妹愛護有加，饒是如此，固倫和孝公主都沒有改嫁，可想當時的社會輿論有多嚴苛。

但是，卓文君是個幸運兒，因為她生活在對寡婦最寬容的漢代。

西漢的丞相陳平的妻子，據說在嫁給他之前，已經守了五次寡。漢武帝劉徹的母親王娡，在嫁給漢景帝之前，也有過一任丈夫。後來劉徹當皇帝後，得知了王娡以前的經歷，非但沒有覺得難堪，還親自把同母異父的姊姊接到了長安城，封為修成君，雖然只是個縣君，但劉徹給她的待遇等同於公主。

說起來，這個時代，女人的地位也比其他朝代更優越，可以繼承家產。漢朝法律中規定，如果家裡沒有男性繼承人，那麼女兒可以繼承家產，相應地也必須承擔責任，這是明面上的；如果有男性繼承人，女兒可以以嫁妝的名義分一部分家產，這是私下的，叫作「奩[1]產」。

除此之外，女子也能有爵位，比如說，劉邦封了自己的大嫂為陰安侯，這是中國歷史上第一個女侯爺。後來呂雉臨朝稱制，封了蕭何的夫人為酇侯，又封了樊噲的妻子為臨光侯，加上呂雉在政治上的貢獻，無形間又提高了女子的地位。可惜到後來，女子的地位一降再降，在清朝降到了最低點。

但在這個時期，卓文君的寡婦身分似乎不是什麼問題，她還是標準的「白富美」，有錢任性，想必日子怎麼過都舒服。

1 奩，音ㄌㄧㄢˊ，盛裝婦女梳妝用品的小匣子。

卓文君的父親名為卓王孫，是西漢時期的富商，家裡掌握著冶鐵技術，靠這門技術成就了一番輝煌事業，家裡擁有數不盡的金銀財寶、古董珍奇，還有千頃良田。平時吃的是山珍海味，住的是奢華園林，出行則是高車駟馬，非常有派頭，顯赫一方。更直觀一點來說，卓家光是家奴都有八百人，可見其富有程度。

漢朝初期跟匈奴關係很緊張，隨時都可能發生戰事，所以朝廷裡重武輕文。既然要武裝自己的軍隊，就離不開冶鐵技術，因此，掌握著這門技術的卓家非比尋常，地位也比一般商人優越。

卓家不是暴發戶，他們祖上能追溯到戰國時期，是七大諸侯國之一的趙國人。後來秦滅六國，國土動盪不安，卓家舉家搬遷到了蜀中，到邛崍定居。到了漢朝，社會治安逐漸好轉，也給了卓家穩定發展的機會。

如果從趙國滅亡的時間算起，卓家至少有五十年歷史，按照古代的婚齡來算，也有了好幾代子孫。從這個時間來看，卓家在財富和地位上有了足夠的累積，而有了一定底蘊後，眼界也逐步拓寬。所以，除了生意上的事情，卓家非常重視對小輩的培養，若非如此，也無法培養出卓文君這樣優秀的女性。

卓文君被評為我國古代四大才女之一，與蔡文姬、班昭、李清照齊名。她精通音律和畫畫，擅長彈琴，飽讀詩書，也因此養成了大膽、熱烈、自由的性格。

其實私奔這種行為，反倒很少發生在鄉村，貧苦百姓還在溫飽線上掙扎，根本沒有精力想太多，大多逆來順受。反倒是家庭富裕，讀過書的女性有了自己的思想和需求，才會去反抗。或許卓文君就是這種典型，如果放到馬斯洛需求層次中來說，她的生理需求、安全需求都已經得到滿足，開始追求更高一層次的情感需求。

如果沒有遇到司馬相如，卓文君很有可能會聽從家裡的安排，選一個相對有好感的男人共度一生，就如她的第一段婚姻一樣，波瀾不驚。但她遇到了司馬相如，就如乾柴遇上熊熊烈火，感覺以燎原之勢鋪天蓋地席捲而來，卓文君骨子裡的離經叛道也暴露了出來。

那麼，為什麼是司馬相如呢？

司馬相如是漢朝傑出的文學家、政治家，被人盛讚為「辭宗」「賦聖」，後來漢朝的思想家揚雄把他視為偶像，一直感慨說「長卿賦不似從人間來，其神化所至邪」。長卿，是司馬相如的字。近代的文學家魯迅，在《漢文學史綱要》裡評價他說「武帝時文人，賦莫若司馬相如，文莫若司馬遷」。

不過，這是後來的司馬相如。初遇時，司馬相如還是個鬱鬱不得志的窮小子。司馬相如改過名字，一開始他還不叫相如，他的原名很土氣，因為賤名好養活，可以遠離鬼魅，父親給他起名司馬犬子。司馬相如長大後，才從「犬子」改成了「相如」，這個名字也頗有緣故，源自史書中的知名人物——戰國時期的政治家、外交家藺相如。

藺相如這個名字我們不陌生，關於他的三件歷史事件「完璧歸趙」「澠池之會」「負荊請罪」也都耳熟能詳。司馬相如瞭解了他一生的事蹟後，頓時驚為天人，把藺相如視為偶像，因此直接把自己的名字改成了司馬相如。從這裡也可以看出他的志向和野心。

在遇到卓文君之前，司馬相如經歷了很長一段時間的低谷期。司馬相如二十多歲時，捐了一個官，成了漢景帝身邊的武騎常侍，也就是貼身保鏢。這個職位的要求是會騎馬、懂武藝，司馬相如自小熱愛練劍，能成為皇帝的保鏢，可見他的武藝小有成就。而且他還會彈琴，並且技藝不俗，渾身上下都充滿了藝術細胞。由此可見司馬相如是一個文武全才，若非如此也不會一曲便打動了卓文君。比起成為一名武將，司馬相如更傾向於往文臣方向發展，所以這個工作他做了一段時間後，就覺得沒滋沒味，索性辭職了。

梁孝王來長安城時，司馬相如看到了第二次機會。梁孝王建造了個大型皇家園林，叫作「梁園」[2]，平時就在梁園裡狩獵、設宴、遊玩，更用來招攬天下人才，風靡一時，很多有識之士就算辭了官都要去梁園。梁園漸漸發展成了一個文學陣地，司馬相如、枚乘等人就是打頭陣的那一批。這個地方在文人的心目中很有地位，後來許多名人都慕名去參觀遊覽，比如李白、杜甫、王昌齡等。司馬相如投靠了梁孝王後，成了一名梁園客。

漢景帝對賦沒有興趣，梁孝王卻很喜歡，司馬相如為他寫了著名的《子虛賦》，他高興之下，就把傳世名琴「綠綺」贈予了司馬相如。這首賦和後來司馬相如為漢武帝寫的《上林賦》是姊妹篇，主題是假託事件和人物，來謳歌大國氣象，諷諫君王。

2《西京雜記》：「梁孝王好營宮室苑囿之樂，作曜華之宮。築兔園，園中有百靈山，山有膚寸石、落猿岩、棲龍岫。又有雁池，池間有鶴洲鳧渚。其諸宮觀相連，延亙數十裡，奇果異樹、瑰禽怪獸畢備。王日與宮人賓客弋釣其中。」

說起綠綺琴，有個詞語叫作「紅拂綠綺」，就指古代那些勇敢追求愛情的女子。綠綺，代表的是卓文君的故事；紅拂，指的是隋朝軍事家楊素身邊的歌姬，名為紅拂。紅拂與上門拜訪的賓客李靖一見鍾情，相約私奔，成就佳話，這個故事同樣非常美好。

言歸正傳，這個時期，司馬相如雖然得到了賞識，結交了一些志同道合的朋友，卻始終沒機會在官場上更進一步。因此，梁孝王去世後，司馬相如的事業落到低谷，只能重新返回了家鄉成都。這一次，他遇到了卓文君。

司馬相如有一位相識多年的好友，叫作王吉，在成都旁邊的臨邛當縣令。以前司馬相如去外地謀求前途時，王吉就對他說，要是不順心，就去找他。所以，當司馬相如回到成都，面臨父母雙亡、沒有經濟來源的困境時，不由得想起了王吉。為了前程打算，司馬相如就去投奔他。王吉待司馬相如一片赤忱，當即就想了一個絕妙的辦法，親自下場演戲，為司馬相如造勢。

司馬相如居住在一處亭舍，王吉日日上門拜訪，剛開始還會被接待，後來司馬相如「不耐煩」了，接連幾日都稱病把王吉拒之門外。當地百姓知道後，本以為縣令大人會生氣，讓司馬相如吃不了兜著走，誰知道王吉非但沒有動怒，反倒對司馬相如更加恭敬，依然殷勤地天天拜訪。百姓們議論紛紛，以為是什麼了不得的貴客，對司馬相如無比好奇，漸漸地，司馬相如的名聲傳開了，當地的富豪卓家、鄭家等都爭相要結交司馬相如，就與王吉商量設宴請司馬相如過來，王吉見目的達到，欣然同意。

不得不說，兩個人都是演技派，這番行銷很成功，司馬相如的「人設」頓時就立了起來。不過他敢這麼做，也是因為有足夠的底氣，要是才不配位，很容易被識破是個空殼子。

司馬相如雖然還沒能成就一番事業，在文壇卻有一定的名望，已故的梁孝王對他青睞有加，這些都在無形中提高了他的地位。古代資訊流通不方便，梁園離蜀地距離不是一般遠，司馬相如就算有了這些光環加身，名聲也傳不過來，只能算寂寂無聞，這也是非常無奈的事情。所以不得不說，王吉的腦子很靈活，這場行銷成功地為司馬相如打開了另一道門。

這個時期，卓文君已經成了寡婦，回到了卓家生活。她才名在外，又是個「白富美」，在蜀地有著不小的名氣。因此，她的名聲傳入了司馬相如的耳中，他對這位才女心神嚮往，卓家的邀請不僅是他走入上流圈層的第一步，也是走近卓文君的第一步，可以說是一箭雙雕。

酒宴這一天，會集了當地的富豪鄉紳，眾人期盼司馬相如的到來，然而兩次派人去他家中邀請，都被拒絕。王吉就表示，自己應該有幾分薄面，便親自離席去請，司馬相如這才勉強同意，與他一同乘車到了卓家。

司馬相如本來就身材挺拔、五官俊朗，這一天還特意穿上了自己最華美的衣服，更是風度翩翩。從他下馬車起，眾賓客就眼前一亮，而且司馬相如見過大世面，卓家的酒宴雖然豪華，在他眼裡也是尋常，因此非常穩得住。他行為舉止雍容大氣，談吐不俗，在場的人紛紛為他的風度折服。

酒宴過半，王吉惦記著讓司馬相如展露一二才華，主動提起司馬相如的高超琴技，請他演奏一曲，又親自前去取了司馬相如的綠綺琴過來。司馬相如推脫不得，答應下來，當場演奏了兩曲，其中一曲就是《鳳求凰》。

有一美人兮，見之不忘。

一日不見兮，思之如狂。

鳳飛翱翔兮，四海求凰。
無奈佳人兮，不在東牆。
將琴代語兮，聊寫衷腸。
何時見許兮，慰我彷徨。
願言配德兮，攜手相將。
不得於飛兮，使我淪亡。

還有流傳的第二個版本，如下：

鳳兮鳳兮歸故鄉，遨遊四海求其凰。
時未遇兮無所將，何悟今夕升斯堂！
有豔淑女在閨房，室邇人遐毒我腸。
何緣交頸為鴛鴦，胡頡頏兮共翱翔！
鳳兮鳳兮從我棲，得托孳尾永為妃。
交情通體心和諧，中夜相從知者誰？

雙翼俱起翻高飛，無感我思使餘悲。

兩首辭賦的意思都非常直白，以鳳和凰來喻人，在酒宴當著眾人的面就大膽示愛，表達了自己的憧憬和渴望，熱烈又真摯。第二首更是暗示卓文君，希望她能與他私奔，誰能想到含蓄的古人能做到這種程度？可謂是轟動一時。

不過這兩首辭賦，在《漢書》《史記》裡都沒有記載，直到幾百年後的南北朝時期，才出現在典籍中。後來的人懷疑是假託之作，又找不到確切的來源證據。但不論如何，這兩首詞都非常具有藝術價值，在辭賦歷史上都佔據著重要地位。

唐代詩人張祜寫了一首《司馬相如琴歌》，講述司馬相如和卓文君的愛情故事，是非常美麗的一首詩。

鳳兮鳳兮非無凰，山重水闊不可量。

梧桐結陰在朝陽，濯羽[3]弱水[4]鳴高翔。

鳳鳥啊鳳鳥，並非沒有凰，只是為了尋找心意相通的凰，就算山高水遠也在所不惜。太陽初升的地方有梧桐生長，那是樹中之王，將是它們棲息的家園。要是累了，它就在淺水裡清洗自己的羽毛，然後一邊鳴叫呼喚凰鳥，一邊飛向太陽初升的地方。

卓文君從司馬相如到酒宴開始，就偷偷地從門縫裡偷看他，看到他的談吐舉止，不由得春心萌動。她本來就愛好文學和音律，等到《鳳求凰》一曲吟出，頓時一發不可收拾地淪陷了，但在這個時候她心中還有所忐忑，擔心自己配不上司馬相如[5]。

酒宴過後，司馬相如賄賂了卓文君身邊的僕人，傳信給卓文君。卓文君思索了一番，為了不錯過意中人，與他私奔到了成都。

---

3 洗濯羽毛。

4 由於水道水淺或當地人民不習慣造船而不通舟楫，只用皮筏濟渡，古人往往認為是水弱不能載舟，因稱弱水。

5《史記．司馬相如列傳》：「是時卓王孫有女文君新寡，好音，故相如繆與令相重，而以琴心挑之。相如之臨邛，從車騎，雍容閒雅甚都；及飲卓氏，弄琴，文君竊從戶窺之，心悅而好之，恐不得當也。」

卓王孫知道這件事後，勃然大怒，又到司馬相如家裡一看，發現他家徒四壁，根本是個窮小子。卓王孫深感上當受騙，但是女兒死心眼，不顧俗世的眼光就是要跟司馬相如在一起，他一氣之下，放話說不會給卓文君一毛錢，除非她乖乖回家。

卓文君沒有答應，她自幼讀書，跟那些被封建禮教束縛的女人不一樣，她性格堅韌，擁有一個浪漫自由的靈魂。儘管她和司馬相如沒有什麼積蓄，也沒有經濟來源，但卓文君想必是非常看好司馬相如的，她相信以他的才華，他遲早能大放異彩。

眼看積蓄見空，卓文君出了個主意——回邛崍投靠親戚們，向他們借點錢維持生活。兩人到了成都後，又把馬車賣了，買了一家店鋪，做賣酒的生意。白日裡，卓文君就站在店門口賣酒，司馬相如就做小工打扮，和員工們一起忙活，在街邊洗刷酒器。這樣一來，卓文君私奔、賣酒的事情，傳遍了邛崍。

卓王孫只覺得恥辱不已，成日閉門不出，然而卓文君懂得怎麼樣讓親爹妥協，仍堅持每天賣酒，只是這樣的方法到底是傷人三分，自傷七分。

流言蜚語到底有多可怕？我想起了民國的演員阮玲玉。阮玲玉代表了中國無聲電影時期表演的最高水準，她演的電影部部都是經典之作，她用細膩的演技征服了所有人，被譽為中國的英格麗．褒曼。她是個傳奇的女人，同時也是個不幸的女人。

阮玲玉成名後，就被無所事事的前夫不斷地騷擾、勒索，前夫把她的私生活爆料給記者，又把她和現任男朋友告上法院，民間議論紛紛。緊接著，她又面臨現任出軌、家暴的兩重打擊，而壓死駱駝的最後一根稻草，是她演的一部叫作《新女性》的電影。這部電影的本意，是謳歌一名遭遇婚姻不幸、孤身帶著女兒、靠自己能力追求新生活的女性記者，只是故事裡有一段女主角為了重病的女兒的醫藥費，被迫出賣肉體的劇情。

阮玲玉飾演了這個記者，以出色的演技賦予了角色生命力，電影放映後反響良好，然而卻引起了記者群體的不滿和抗議，他們認為這個角色損害了記者的形象，不斷攻擊阮玲玉。而一些觀眾也從對角色的反感上升到對演員的反感，導致社會輿論對阮玲玉很不友好，她被大眾以有色眼光看待。後來，記者又拚命挖掘隱私，她終於承受不住，服毒身亡，年僅二十五歲。

儘管我們現在看來，卓文君私奔的事蹟，滿是美好和浪漫，但可以想像，當時作為當事人裡更容易被攻擊的弱勢的一方，卓文君承受了多麼大的壓力。

卓王孫閉門不出期間，親戚長輩們接連來勸說，他的態度漸漸軟化。嫁出去的女兒潑出去的水，他們家裡又不缺錢，司馬相如窮一點也沒關係，只是名聲上不那麼好聽。卓王孫不想苛待女兒，也不願意女兒天天拋頭露面賣酒，就給卓文君補了一份嫁妝：一百名家奴、一百萬錢，以及其他各種財物，就當默認了這門婚事。但是，這不代表卓王孫認可了司馬相如。不說誘拐人家女兒私奔，古代人更講究一個門當戶對。家世方面，司馬相如跟卓文君相差太大，可謂是雲泥之別。他不光窮，自身還有缺陷，就是口吃。《史記》中記載：「相如口吃而善著書。」

其實口吃不算什麼，只是不方便口頭表達，並不會影響一個人的思維和能力，很多歷史名人足以說明這一點。比如英國首相邱吉爾，身兼政治家、歷史學家、畫家、作家等多重身分，拿過諾貝爾文學獎，決定過歷史走向，被評選為有史以來最偉大的英國人。比如茶聖陸羽[6]，他寫出了世界第一部茶葉著作，對世界茶文化做出巨大貢獻。再比如，戰國時期的思想家韓非，他是法家的代表人物，主張以法治國而聞名，

6《新唐書　陸羽列傳》：「陸羽，字鴻漸，一名疾，字季疵，複州竟陵人……貌侻陋，口吃而辯。」

對後世影響深遠。所以說，這些缺陷只是人生道路上的一道坎兒，努力邁過去，仍然可以成就人生的輝煌。

君既無心我便休，她拿得起，也放得下

後來有人罵司馬相如，認為他就是個花言巧語拐騙「白富美」的吃軟飯的心機鳳凰男，接近卓文君的目的根本不單純，說不定只是為了錢而騙婚。俗話說莫欺少年窮，難道窮小子就沒有資格追求「白富美」嗎？光是透過貧富就能知道一個人的人品是好是壞嗎？這樣看待問題，未免太過膚淺。

衡量一個人對一段感情是否認真，看的是他的行為以及最後的結果。卓文君和司馬相如兩人白頭到老，除了一次波折，一直鶼鰈情深，這足以證明。

話說回來，卓文君拿到自己的嫁妝後，就和司馬相如重新回到了成都，買了住宅和田地，過上了優渥愜意的生活。不過可以推測在這個階段，兩人還沒能扭轉私奔的輿論，畢竟就算在風氣開放的漢朝，也有諸多異樣的眼光。

如果漢朝有科舉，司馬相如或許還能考取功名，但漢朝沒有，想要打破階級壁壘很困難。漢朝選拔人才，靠的是察舉制和徵辟制，主要是讓地方或者中央官員推薦人才，然後經過審核給予官位。這個制度存在很大的弊端，容易埋沒人才，沒什麼門路的平民百姓，想要走通這條路幾乎沒什麼可能。這也是司馬相如和王吉行銷造勢的主要目的，只有自身足夠耀眼，名動四方，才有更大的可能性被朝廷看到。

漢景帝駕崩，漢武帝劉徹繼位後，司馬相如才迎來了自己的春天。有一日，劉徹讀了司馬相如的《子虛賦》，愛不釋手。他本來以為是古人的作品，為不能與《子虛賦》的作者處在同一個時代，無法與之交流一番而深感惋惜。幸運的是，劉徹的狗監楊得意聽過司馬相如的名字，立刻就表示這個辭賦是他的同鄉司馬相如的作品。

劉徹喜形於色，立刻召了司馬相如前來覲見，司馬相如感到驚喜，來到皇宮後，又給劉徹寫了一篇《上林賦》，經過數年累積後，他的文采更為出眾。劉徹如獲至寶，很賞識司馬相如，就封他做了郎官，而在這之後，司馬相如才逐步展現出政治上的才華。

司馬相如衣錦還鄉，榮歸故里，他被皇帝賞識的事情已經傳遍家鄉，當年私奔的負面輿論終於扭轉了過來，人人稱讚，有些人還羨慕卓文君有眼光，認為她投資了一支優質潛力股。至此之後，卓文君漸漸成了古代女子掙脫封建禮教的束縛，大膽追求愛情的典範。而作為岳父的卓王孫也風光了一把，他帶了一些金子作為禮物上門，徹底承認了這個女婿。

過了幾年，中郎將唐蒙受命，前去夜郎國以及西邊的僰中，建立交通並開拓疆土，就在附近的巴蜀周圍徵集了一萬多官吏士卒，結果引起了當地百姓的恐慌，有些被徵調的人因為懼怕便乾脆逃跑、自殺。劉徹知道後，就派司馬相如過去責備唐蒙，順便安撫一下受驚的百姓。司馬相如到了以後，就發佈了一張檄文《諭巴蜀檄》開導百姓，維護皇帝尊嚴，又對百姓動之以情、曉之以理，很快穩定了人心。司馬相如把這件事做得漂亮，劉徹很滿意，此後又給他安排了第二個工作。

劉徹封司馬相如為中郎將，讓他出使西南夷。漢朝的武官分為三個等級：將軍、中郎將、校尉，但將軍這個職位只有打仗時才會設置，平時中郎將就是武官中最高官職了，可見劉徹對司馬相如的信任。司馬相如很快就交出了令人滿意的答卷，他步步為營，恩威並施，成功平定了西南夷，將這個地區完全納入了漢朝的版圖，又以一篇

《難蜀父老》告訴當地百姓與朝廷交好的好處，也因此被稱為「安邊功臣」。

司馬相如在事業上突飛猛進，再也沒有人敢用異樣的眼光看待他和卓文君，然而，兩人剛越過了夫妻生活中最大的難關，卻迎來了「七年之癢」。

司馬相如遇到了一個茂陵女子，想要納她為妾，因此他對待卓文君也漸漸冷淡起來。在古代，男人三妻四妾還比較普遍，但卓文君生性浪漫，性格激烈，心裡嚮往完美的愛情。與俗世中的其他人不一樣，她絕對不允許第三個人插足她的愛情。於是，她給司馬相如寫了一封信，信裡是一首《白頭吟（本辭）》。

皚如山上雪，皎若雲間月。

聞君有兩意，故來相決絕。

今日斗酒會，明旦溝水頭。

躞蹀御溝[7]上，溝水東西流。

淒淒復淒淒，嫁娶不須啼。

7 躞（ㄒㄧㄝˋ）蹀：走貌。御溝：流經御苑或環繞宮牆的溝。

願得一心人，白頭不相離。
竹竿何嫋嫋，魚尾何簁簁[8]！
男兒重意氣，何用錢刀為！

這首詩，既有風骨又有委屈和情意。「皚如山上雪，皎若雲間月」，她心中的愛情，好似那山間皚皚的雪，又好似天上那皎皎的月一樣，純白無瑕。「聞君有兩意，故來相決絕」，聽說夫君有了二心，所以寫這首詩來和夫君訣別，非常乾脆地表明了自己的底線，她絕對不接受夫君納妾。第三句、第四句，表明了她已經做好準備與他離別，頗有破釜沉舟的氣勢，但又有一些憂愁在裡面。「今日斗酒會，明旦溝水頭」，就把今天當作最後的相聚，明天就在溝水邊分別，「東西流」象徵著以後兩人要各奔東西了。再到後面一句「願得一心人，白頭不相離」，寫了她心目中嚮往的愛情，也是她和司馬相如本該擁有的愛情的樣子，但司馬相如卻讓她失望了。相傳這封

8 簁簁（ㄕㄞ）：形容魚尾像濡濕的羽毛。在中國歌謠裡釣魚是男女求偶的象徵隱語。這裡用隱語表示男女相愛的幸福。

信裡，還附錄了一首《訣別書》：

春華競芳，五色凌素，琴尚在御，而新聲代故！錦水有鴛，漢宮有木，彼物而新，嗟世之人兮，瞀於淫而不悟！朱弦斷，明鏡缺，朝露晞，芳時歇，白頭吟，傷離別，努力加餐勿念妾，錦水湯湯，與君長訣！

如果說卓文君在《白頭吟》裡，還有些委屈和挽留的話，《訣別書》就是下定了決心，如果司馬相如不給她一個滿意的答案，她就不會再回頭了。她希望司馬相如明白，男人應該重情重義，這段感情如果失去了的話，他就算有了千金，也買不回來。

她對婚姻的經營，至今都是典範

司馬相如收到了這封信，是什麼反應呢？

他可能覺得卓文君有些無理取鬧，希望她好好待在自己的位置上，不要干涉他納妾，就給她回了一封信。這封信非常有水準，信裡只有十三個字「一二三四五六七八九十百千萬」，一行數字從小到大，唯獨少了一個數目：億，這就是「無憶」的意思。卓文君聰穎過人，明白司馬相如含蓄表達的意思，可以說他心裡兩人以前的記憶已經淡了，或者說對卓文君已經沒那麼在意了。

不得不說，這封信真的很傷人，可以想像卓文君收到後的心情。卓文君又給司馬相如回了一封信，信裡是一首數字詩《怨郎詩》。

一朝別後，二地相懸。
只說是三四月，又誰知五六年？
七弦琴無心彈，八行書無可傳。
九連環從中折斷，十裡長亭望眼欲穿。
百思想，千繫念，萬般無奈把郎怨。
萬語千言說不完，百無聊賴，十依欄杆。
九重九登高看孤雁，八月仲秋月圓人不圓。
七月半，秉燭燒香問蒼天，
六月三伏天，人人搖扇我心寒。

五月石榴紅似火，偏遇陣陣冷雨澆花端。
四月枇杷未黃，我欲對鏡心意亂。
忽匆匆，三月桃花隨水轉。
飄零零，二月風箏線兒斷。
噫，郎呀郎，
巴不得下一世，你為女來我做男。

這首詩的意思也很直白，寫了兩人分別之後，卓文君纏綿悱惻的心情，最後一句「巴不得下一世，你為女來我做男」，意思是說如果她是男兒，絕不會這樣薄情。

其實從封建社會男人的角度來看，納妾或許不是什麼大事，他們並不是要讓這個妾取代妻子的地位。雖然說，影視劇和小說裡為了戲劇性，經常把妾的地位誇大，可實際上，古代極少會出現寵妾滅妻的情況，妻和妾兩者的地位就如主子和奴才，天壤之別。

妻子要明媒正娶，妾隨便帶回家就算了事，地位低得跟家奴差不多，連家庭成員都算不上。妾沒有資格進族譜，她的親屬也不算在夫家的姻親裡，生的孩子也要算在妻的名下。一般來說，妾是很難完成「逆襲之路」的。如果男人敢讓妾爬到妻子的頭上，還要面臨家法的制裁，傳出去就是給家族抹黑的大醜聞一樁。

有個很有名的例子，呂雉是漢高祖劉邦明媒正娶的妻子，與他共患難。後來，劉邦納了個妾，也就是戚夫人，他縱容戚夫人爬到了呂雉的頭上，還差點讓戚夫人母子奪嫡成功。劉邦去世之後，呂雉的兒子繼位，呂雉便成了皇太后，終於能揚眉吐氣，就立刻把戚夫人關到了永巷裡，剃了她的頭髮，讓她穿上囚衣做苦役。

要是戚夫人體認到自己的處境，乖乖低頭了還好，然而一朝從雲端跌落到泥地裡，戚夫人無法接受，天天在那裡唱歌發洩心中的怨恨和不滿。沒過多久，這首歌詞就流傳到了呂雉的耳朵裡，就算呂雉本來想放戚夫人一馬，聽了這首歌也忍不了了，立刻就派人砍了戚夫人的四肢，弄瞎她的雙眼，毒啞她的喉嚨，把她丟進了廁所裡，做成了人彘。

現在聽來，呂雉的這個做法聳人聽聞，只覺得對這女人太殘忍。歸根結底是那個時代重酷刑，以前呂雉被項羽俘虜，還差點被煮成一鍋肉湯。而當時的人，大概也覺得呂雉作為一個妻子，這樣懲罰妾沒什麼。

話說回來，司馬相如收到了這封信，終於明白卓文君不是一時負氣，而是深思熟慮後的回答，那麼他只能在妻和妾之間二選一。一想到要失去妻子，司馬相如就不由得回憶起了過往的美好，卓文君在他一無所有時就跟他在一起，她有文學才華、音律才華，跟他很有共同語言，這些優點，有誰能夠比得上呢？司馬相如想通了之後，就和卓文君重歸於好，並且在此後的歲月裡，再也沒有動過納妾的心思。

後來很多人感慨，認為卓文君受委屈了，就該直接離婚。但作為旁觀者，只知道兩人之間發生的事件，卻無法感受其中的情感。從最後的結果來說，卓文君亮出了自己的底線，司馬相如也沒有再犯錯，兩人白頭到老，感情也不錯，這樣的結果也挺好。

司馬相如後來在官場上遭遇了挫折，被人舉報收受賄賂，因此被免官。但過了一年，他又被朝廷重新起用，仍然作為郎官。後來司馬相如重病，再次被免官[9]，劉徹擔心他撒手人寰後，他寫的書籍會失散，專門派人去他家取他寫的書。這些舉動都能夠

9《史記．司馬相如列傳》記載：「相如既病免，家居茂陵。天子曰：司馬相如病甚，可往從悉取其書；若不然，後失之矣。」

說明，劉徹對司馬相如的認可，以及司馬相如在文學上的成就。

從司馬相如落魄時開始，再到事業上成就輝煌，後面犯錯被免官，再到復官，最後病逝。他的一生跌宕起伏，而不管是高峰還是低谷，卓文君一直陪伴在他的身邊，兩人這段開始不被人看好的姻緣，也最終成為一出千古佳話。

後來我重讀卓文君的一生，想起了一個人——劉徹的皇后，陳阿嬌。陳阿嬌跟卓文君有一個共同點，就是性格激烈、決絕，然而兩個人在對待感情時，處理方法很不一樣。

陳阿嬌和劉徹成婚多年，漸漸地，劉徹對她的感情淡了，身邊也有了別的女人，比如衛子夫。陳阿嬌拒不接受，甚至設計了衛子夫的弟弟衛青，派人去抓衛青，打算要殺了他。陳阿嬌失敗了，衛青卻因禍得福，走入了劉徹的視線，此後直上青雲。

衛子夫越來越得寵，陳阿嬌備受冷落，越發走極端。為了挽回劉徹的心，陳阿嬌劍走偏鋒，做了一件劉徹最為厭惡的事情——她在宮中請人用巫蠱邪術，希望能和劉徹重歸於好，最後落了個被廢黜的下場。

卓文君的性格跟陳阿嬌有些像，卻比陳阿嬌通透許多，在感情中她的表現比較冷靜理智。當她決定和司馬相如這個窮小子私奔時，想必她清楚地知道自己即將面臨的是什麼，但無所畏懼。當她發現司馬相如移情別戀時，她沒有歇斯底里，拿以前的恩情去要脅司馬相如，而是冷靜地寫了兩封信，既闡明了自己的底線，又喚醒了司馬相如腦海裡美好的記憶；既表達了心中的柔腸百結，又不至於讓司馬相如下不來台。

在對司馬相如還有感情的情況下，卓文君沒有選擇硬碰硬，她給了司馬相如一次機會，不得不說，這種分寸卓文君拿捏得極好。激烈的性格，並不是說一定要玉石俱焚，鬧得不可開交，而是她有接受最壞的結果的勇氣。

這場婚姻中，卓文君的確受了不小的委屈，但我相信司馬相如回心轉意後，會好好地補償她，兩人白頭偕老也是她想要的結果。

現在很多人，都希望能學習怎樣經營婚姻，羨慕那些高情商的女人，其實在我看來，多看看卓文君也就足夠。儘管愛著司馬相如，這份愛卻沒有讓卓文君失去自我，她明白自己的底線在哪裡，也擁有掀桌子走人的底氣，以及重新開始新生活的勇氣，所以卓文君始終保持著一種優雅、輕盈又自由的姿態。

說真的，生活中的一切感情都是相互的，如果你受到傷害，傷害源於對方的過錯，那就不要傷害自己，也不要把自己放在可憐的受害者的位置上。在這段感情中，你失去，他同樣也失去，沒什麼必要鬱鬱不平，只需要留著愛的力量，去愛更值得愛的人。

《集異記》中記錄了一則趣事。唐朝時期，有一日，天下著小雪，王之渙、高適、王昌齡三位大詩人坐在一起小酌。突然來了一桌搞團建的梨園子弟，他們一邊聚會，一邊唱著時下流行的詩歌。

王之渙靈機一動，就說：「我們素來齊名，一直沒能出個高低。今天就來聽聽，誰的詩歌被這些梨園子弟唱得多一些，就算贏了，怎麼樣？」高適和王昌齡也起了較勁的心思，點頭同意。

過了一會兒，只聽一位歌女唱道：「寒雨連江夜入吳，平明送客楚山孤。洛陽親友如相問，一片冰心在玉壺。」這首詩是王昌齡的詩，他很得意，立刻計數：「這是我的一首絕句。」

歌女唱道：「開篋淚沾臆，見君前日書。夜台今寂寞，猶是子雲居。」高適鬆了一口氣，計數道：「我的一首。」

歌女唱道：「奉帚平明金殿開，且將團扇共徘徊。玉顏不及寒鴉色，猶帶昭陽日影來。」又是王昌齡的詩，他心情飄飄然，又張口道：「兩首了。」另外兩人就有點緊張。

最緊張的就是王之渙，到現在竟然還沒有歌女唱他的詩詞，十分丟臉，他很鬱悶，就說：「這幾個唱曲的，都沒啥名氣，欣賞不來陽春白雪的高雅之作。」然後，他指著其中顏值最高的那個歌女說道：「到她唱的時候，如果還不是我的詩作，我就甘拜下風，這輩子都不跟你們爭了。」

沒過多久，高顏值歌女開口了，唱的果然是王之渙的詩歌：「黃河遠上白雲間，一片孤城萬仞山。羌笛何須怨楊柳，春風不度玉門關。」

王之渙聽了後，得意地道：「怎麼樣？我說得沒錯吧？」三個人都開懷大笑。

這時，幾個歌女也注意到了他們，就走過來詢問：「三位公子，為何笑得這麼開心呢？」

三人就把他們比試的事情告訴了幾個歌女。歌女們才知道他們都是文壇大家，非常高興，就行禮說：「剛剛是有眼不識神仙。」說完，還請他們三人一起入席吃飯。

王昭君

平民逆襲的史上最美外交官

平民出身又如何？逆襲也就分分鐘。
容易的生活沒意思，高難度才有挑戰性。
邊塞荒寒甘忍受，一心報國志已酬。

姊姊小檔案

王昭君（約西元前54年～前19年），與貂蟬、西施、楊玉環並稱「中國古代四大美女」，是「沉魚落雁，閉月羞花」之中的「落雁」。聯姻匈奴，鞏固邊塞和平。

歷史上所有和親的女子，要說誰最受文人們的歡迎，王昭君毫無疑問是要排在首位。

許多大詩人都為她寫詩作詞，李白、杜甫、白居易、王安石，每一個人都是響噹噹的人物，古代民間的雜記、戲曲，也非常青睞她，拿她當女主角。一直到現代的影視劇作品裡，也演繹刻畫了很多關於她溫柔聰慧、義無反顧的形象。在這一點上，就連遠嫁吐蕃，被當地人視為神明的文成公主，也難以望其項背。

王昭君為什麼這麼受偏愛，又為什麼這麼有名？這個問題我想了很久，在瞭解了她的生平經歷後，又覺得一點都不意外。

如果要從身分說起，王昭君的身分是最低的。其他的人基本都是公主、宗室女這種在當時人眼裡非常高貴的皇家血脈，再不濟也是大將軍之女，比如唐朝名將僕固懷恩的兩個女兒。只有王昭君最特別，她僅僅只是平民出身，被甄選入宮後還數年都不得待見，韶華被蹉跎，差點就要庸庸碌碌一生了，誰知道後面完成了一次漂亮的逆轉。

如果要說紅顏薄命，王昭君比不過和親烏孫的江都公主。江都公主嫁到烏孫後，只在那邊生活了三年時光，就因為思念家鄉、水土不服等原因，抑鬱而終。

如果要說外交能力，王昭君又比不過罪臣之女，比如有烏孫國母之稱的解憂公主。解憂公主去了烏孫後，在那裡活得風生水起，不僅說服國王和權貴一心向漢，還派人拉攏西域各國。後來，大漢朝國內動盪不安，照理說會影響她在烏孫的處境，結果她的地位依然牢固。還有一點，她是歷史上唯一最後回到故國的和親公主。

但是如果要說美，王昭君絕對是當之無愧的第一。眾所周知，王昭君是中國古代「四大美人」之一，她的一生淒美短暫，也是個紅顏薄命的女人。她的人生經歷帶著悲劇色彩，還跟國家大義息息相關，所以不管正史還是野史、主流還是非主流，都對她愛憐有加。但如果只說她的美，又難免失之偏頗，因為只有內心冷靜而堅定的人，才能在艱難的環境下，不辜負國家交於她的歷史任務，交出一份滿分答卷。

還有最重要的一點，在所有人都避之不及的時候，她是主動提出來要和親的，這個舉動一下子就讓她聲名鵲起，成為當時街頭巷尾討論的明星。從藝術上來說，王昭君的這種形象非常完美，給予了文人們豐富的聯想空間。而文人們的浪漫情懷，也在她身上體現得淋漓盡致，留下了無數令人回味無窮的詩篇。漫漫的歷史長河中，也因此平添了幾筆浪漫。

譬如說，赫赫有名的詩仙李白，就曾因王昭君的經歷得到靈感，寫出了《于闐採花》這首樂府詩，借此來抒發自己的鬱鬱不得志：

于闐[10]採花人[11]，自言花相似。
明妃一朝西入胡，胡中美女多羞死。
乃知漢地多名姝，胡中無花可方比。
丹青能令醜者妍，無鹽翻在深宮裡。
自古妒蛾眉，胡沙埋皓齒。

佳人絕代，她是文人們的靈感來源

文人們愛寫美人，尤其是有故事可寫的美人，貂蟬、西施、楊玉環等人，一直以來都是他們喜愛的題材。

10 漢代西域城國，故址在今新疆和田一帶，這裡泛指塞外。
11 為國君選美之人。

一句「欲把西湖比西子，淡妝濃抹總相宜」寫盡了西施的美，一句「司徒妙算托紅裙，不用干戈不用兵」就把歷史上那出有名的美人計清晰地呈現在人們眼前，一句「一騎紅塵妃子笑，無人知是荔枝來」寫出了癡情君王對楊玉環的三千寵愛。

與王昭君有關的詩詞也很多，不同的主題和角度都有，但是讀這些詩，一定要先瞭解王昭君的生平，不然總是缺少幾分滋味。

王昭君的真實名字，其實並不確定，因為在兩本重要的史料《漢書．元帝紀》和《後漢書．南匈奴列傳》中，就出現了好幾個對她不同的稱呼：王嗇、王牆、王嬙、王昭君，所以說後世對她的名字都莫衷一是。

這種情況在歷史上司空見慣，畢竟連女皇武則天、權勢滔天的太平公主，她們的名字在記載中也很模糊。就拿武則天來說，現在流傳她的名字為「武媚娘」，事實上「媚娘」兩字是後人對她的訛稱，倒是武則天在稱帝前一年，給自己起了個名字叫「武曌[12]」。「曌」是日月當空的意思，這個名字非常能體現她的野心。

12 曌（ㄓㄠˋ）。

不過話說回來，王昭君的名字就算模糊，多少也算一個正式稱謂，總比那些李氏、王氏這些名字要好得多。而且從史料中，可以合理地推斷出「昭君」不是她的真名，而是出塞前夕，皇帝賜予她的封號。

昭，意思是光明、美好，這個封號也象徵了漢代君王帶給匈奴光明。前面提過，她不是皇室血脈，只是普通百姓家的女兒，所以不能封為公主，但是和親匈奴需要一定的身分，於是皇帝就給了她這個代表了政治使命的封號。這位給她賜下封號的皇帝——漢元帝，也是王昭君故事中不可或缺的人物，只要提到王昭君，不管怎麼都繞不過他。

軼事典故中提到，那時候漢元帝想要充盈後宮，於是廣納天下美女，而遠在某個小縣城的王昭君就被選中，來到了京城。秀女那麼多，漢元帝不可能挨個接見，就讓宮廷畫師毛延壽把秀女們畫下來，做成畫冊，再一起送到御前。

後宮的生存法則，或許是要看誰能得到皇帝的寵愛。說白了，皇帝喜歡某個秀女，那麼隨之而來的好處很多，上至身分地位，住奢華的宮殿，下到吃穿用度。有市場的地方就有競爭，所以大多秀女為了上位，就花錢去賄賂這位畫師毛延壽，讓他把自己畫得更美貌，好讓皇帝多看一眼。

只有王昭君不入俗流，不肯賄賂，而毛延壽被人追捧慣了，冷不防遇到了個冷眼，頓時惱羞成怒，故意把王昭君畫醜，以致王昭君沒能入皇帝的眼，在其他秀女紛紛飛上枝頭變鳳凰時，她當了好幾年的普通宮女。

後來，匈奴單于來長安覲見天子，獻了藩臣之禮後，就說出了自己想要當漢家女婿的請求。漢元帝欣然應允，就打算從後宮裡挑選一位良家子，賞賜給他。這個良家子的意思，就是身家清白的姑娘。而在這個時候，王昭君主動站了出來，提出要去和親，事情很快就定下了。

不過在這個過程中，漢元帝並沒有見到王昭君，一直到臨行前的歡送儀式上，漢元帝才見到她。那天王昭君容光照人，姿色豔麗，漢元帝頓時驚為天人，後來跟她一番交談後，又為她的才智傾倒。漢元帝這下後悔了，這樣合心意的美人為什麼他之前沒有發現呢？他恨不得留下王昭君，只可惜一國皇帝金口玉言，不能反悔，只能眼睜睜地看著美人出嫁。

王昭君離開後，漢元帝立刻就翻出了當時送上來的畫像，這才發現畫像中的王昭君被故意畫醜了，就是因為這樣才讓他痛失美人。漢元帝勃然大怒，立刻就下令讓人去查，這一查，就查到了畫師毛延壽身上，於是直接將他處死。

只可惜美人一去不復回，漢元帝一腔情意無處訴說，心裡只有綿綿不絕的悔恨。正所謂「衣帶漸寬終不悔，為伊消得人憔悴」，漢元帝終日沉淪於負面的情緒中，身體漸漸受到影響，纏綿病榻，短短五個月就駕崩了。

不過，這一段富有浪漫主義色彩的故事，被很多後人美化過，而正史中關於王昭君的記載，只有寥寥幾十個字。

就比如畫師收受賄賂這件事，其實出自《西京雜記》這本筆記小說。這本書主要講述了多個弄虛作假的畫師，而後來的文人詩篇裡，不僅採用了這個說法，還對此進行了改編增色，把收受賄賂這件事全讓毛延壽背了鍋。

這樣一來，故事頓時多了一些戲劇色彩，還把王昭君這位絕代佳人的形象給豐滿了。所有人都願意賄賂，只有王昭君不屑同流合污，這是多麼難能可貴的品質啊！再加上漢元帝斬殺畫師的舉動，立刻就把他後悔的情緒體現得淋漓盡致。試想，真人和畫像差距到底有多大，才會讓他如此震怒，以致求而不得，繼而愁腸百結呢？文人們花費了大量的筆墨來讓她的形象更加完美，由此也可知王昭君在文人心目中的地位。

關於這段故事，《後漢書．南匈奴列傳》中的記載是：「昭君入宮數歲，不得見御，積悲怨，乃請掖庭令求行。呼韓邪臨辭大會，帝召五女以示之。昭君豐容靚飾，光明漢宮，顧景裴回，竦動左右。帝見大驚，意欲留之，而難於失信，遂與匈奴。」

結合這個故事，我們再回過頭去賞析李白的這首《于闐採花》。

詩的大概意思是：塞外的人，以為他們的美人跟我們漢地的美人相差無幾，但是，王昭君去了後，塞外美人不得不自慚形穢。你可知道我們漢地美人非常多，塞外還相差甚遠。只可惜，畫師弄虛作假，才讓皎皎明珠遭受蒙塵，而無言醜女卻能留在皇宮。可見自古以來，美人遭人嫉妒，才讓王昭君這樣的美人葬送在茫茫黃沙裡。

這首詩優美動人，寫出了對王昭君遭遇的嗟嘆和惋惜，再聯想李白的人生經歷，不難看出他也在借這首詩訴說自己的苦悶。

李白所在的那個時期，由唐玄宗開創的「開元盛世」已經從輝煌走向頹敗，年老且精力不濟的唐玄宗很少再管國事，朝野上下奸佞朋黨一手遮天，排除異己，以致那些有才之人遭到貶謫，那些阿諛奉承的無能之輩反而得到了重用。李白就是在這種夾縫中艱難生存，努力維持本心而不去同流合污。

所以說，這首詩表面寫的是昭君出塞，實際上也寫出了李白自己的境遇。他借此來表達內心的憤慨和不滿，而「自古妒蛾眉，胡沙埋皓齒」這兩句，就是李白心情的集中體現。

《于闐採花》只是李白為王昭君寫的其中一首詩，還有另外兩首，現在讀來也非常精妙：

其一：

漢家秦地月，流影照明妃。
一上玉關道，天涯去不歸。
漢月還從東海出，明妃西嫁無來日。
燕支長寒雪作花，蛾眉憔悴沒胡沙。
生乏黃金枉圖畫，死留青塚使人嗟。

長安城的月呀，那淡淡的銀灰流瀉在王昭君的身上。和親的隊伍出了玉門關，從此一去不復還。漢朝的月還可以從東海升起，可是王昭君卻再也沒有回來的那一天。那燕支山天地凍寒，環境艱苦，可憐的美人在茫茫黃沙裡黯然憔悴。這一切，都是因為她沒有賄賂畫師，才被君王錯過，只能死後埋葬於青塚，讓人嗟嘆。

有一點需要說明，詩中的「明妃」，是王昭君的另一個稱呼。西晉建立後，晉武帝司馬炎把父親司馬昭追尊為文帝，記載中為了避開司馬昭的名諱，王昭君的名字就被改成了王明君，又稱「明妃」。

其二：

昭君拂玉鞍，上馬啼紅頰。
今日漢宮人，明朝胡地妾。

出塞的路上，王昭君撫摸著馬鞍，哭花了紅妝。今天雖還是漢宮裡的人，明天就要成為胡人的妻妾了。

「昭君出塞」的故事，歷來就有多種主題和角度，李白這三首詩在眾多文學作品中，非常具有代表性。它的基調悲憫傷感，另有深意，使人悵然感傷，歷代名家紛紛給予高度讚美，明朝的李沂創作的《唐詩援》中，就直言表示：唐人詠昭君者多矣，懼不及太白此首簡妙。

唐朝另一位詩人李商隱，他的一首七言絕句，也有異曲同工之妙。

毛延壽畫欲通神，忍為黃金不顧人。
馬上琵琶行萬里，漢宮長有隔生春。

同樣是借用王昭君的故事，來諷刺朝廷裡那些為了私利任人唯親的佞臣，然後由此感慨，他可能今生都沒指望，只有隔世才能被人知曉。

我們再從詩說回王昭君本身，毫無疑問，她是個絕色美人，美得驚心動魄，令人心折乃至於心碎，否則野史傳聞裡也不會有漢元帝因為錯失王昭君，憂思成疾的這個說法。

那她究竟有多美呢？雖然沒有畫像流傳下來，但可以從軼事典故中窺見一二，其中就有一個非常有趣的傳說，叫作「平沙落雁」。

據說，王昭君在前往匈奴的路上，黃沙滾滾，馬嘶雁鳴，隨著故國漸漸遠去，她想到今生可能都無法歸來，一時間愁上心頭，在馬上抱著琵琶彈奏了一曲，以寄愁思。悅耳美妙的琴聲、女子美豔的相貌，讓天上南飛的大雁都看呆了，它們忘記揮動翅膀，以致從天空墜落到了黃沙上。

雖然後來有一說法，即「落雁」這個詞並非指王昭君，而是指春秋時期一位名叫麗姬的美人，但是從這個典故廣為流傳，且長時間令人深信不疑的角度來說，還是可以側面印證王昭君的絕色美貌。

比如，唐宋八大家之一的歐陽修，就在《和明妃曲》裡這樣描述：「絕色天下無，一失難再得。」再比如，宋代的政治家、文學家王安石，寫給王昭君的組詩《明妃曲二首》裡，其中有四句就寫出了她的美，可以單獨拿出來賞析：

歸來卻怪丹青手，入眼平生幾曾有。
意態由來畫不成，當時枉殺毛延壽。

這幾句詩的內容非常直白，大概就是說，送走王昭君後，漢元帝一回來就怪罪畫師瀆職，因為王昭君有他平生未曾見過的美貌。但說實在的，王昭君的絕代風姿，就算讓畫師照實了去畫都不一定畫得出來，只能說這真是枉殺了毛延壽。

第一句直接描寫，第二句側面烘托，情緒層層遞進，讓人忍不住反覆細品。而且從詩本身的寫作手法上來說，孤身前去異國他鄉的絕代佳人，她的容貌被描寫得越美麗，就越能引起人們的憐惜和同情。

「意態」這兩個字，不單單指王昭君的美貌，還指了她那種不負家國使命、大愛無言的姿態，這也是王昭君身上最令人傾心的一點。

她最大的閃光點，不是美，而是思想

說起來，四大美人中，不管是貂蟬、西施還是楊玉環，多少都有些紅顏禍水的味道，雖然以我們現在的眼光來看，這些美人或許只是替某一個人或者某一段歷史背了一大口黑鍋而已。

如果沒有這些美人，董卓和呂布就不會反目嗎？吳王夫差就不會亡國嗎？安史之亂就真的不會爆發嗎？答案是否定的。「禍水」這個詞語，歸根結底還是封建男權社會對女人的偏見評價罷了。只有王昭君，不管是在正史還是野史中，都有著非常正面的形象。

不過，正面歸正面，基調總是很悲情，我們拿北宋文學家秦觀寫的《調笑令》來舉個例子。

值得一提的是，調笑令是古代一種民間演唱形式，也叫調笑轉踏，在當時汴京的藝人中很流行。這種形式通常都是一詩一詞配套，讀起來很有意思。王國維在《宋元戲曲史》裡提到過「北宋之轉踏，恒以一曲連續歌之。每一首詠一事，共若干首，則詠若干事」。

詩曰：

漢宮選女適單于，明妃斂袂登氈車。

玉容寂寞花無主，顧影低徊泣路隅。

行行漸入陰山路，目送征鴻入雲去。

獨抱琵琶恨更深，漢宮不見空回顧。

配套詞：

回顧，漢宮路，捍撥檀槽鸞對舞。玉容寂寞花無主，顧影偷彈玉箸。未央宮殿知何處？目送征鴻南去。

這兩首婉轉哀傷，大概意思差不多，主題卻不太一樣。因為詩中描寫了王昭君獨自上路的孤苦無依，還有她對漢元帝的不捨之情。這一點跟王昭君的歷史形象不符，她跟漢元帝沒有私情，但僅作為單獨詩篇來鑑賞，不失為一篇佳作。還有一首我感觸頗深的作品，清代學者曹雪芹的詩《明妃》，讀起來令人意猶未盡：

絕豔驚人出漢宮，紅顏薄命古今同。
君王縱使輕顏色，予奪權何畀畫工？

陰錯陽差下，美貌動人的王昭君遠嫁匈奴，可見紅顏薄命從古至今都相差無幾。可是，漢元帝即使不重視女子的容貌，為什麼又要把（畫美人容貌的）決定權交給畫師呢？

這首《明妃》被曹雪芹放在了《紅樓夢》中，作為書中才女林黛玉的詩作而存在，所以在品讀這首詩時，我們不單單是看它的字面意思，還要聯繫林黛玉這個人物以及書中的背景來理解。詩表面寫王昭君，實際上借此抒發了林黛玉身不由己，愛情婚姻都受人操控的感慨和苦悶。

這首詩沿用了某些文學作品的角度，把王昭君定義成了一個悲劇人物，而正史並非如此。實際上，王昭君並不一定就是被操控、沒有選擇權利的可憐人，我們也希望她一生中走過的路，都是她清醒理智的選擇。

王昭君自願和親這一點，很多人都沒什麼印象，只有仔細看過歷史記載的人才能確定。在這一點上，又延伸出了不同的藝術創作，以及帶著強烈個人情緒色彩的解讀。

現在流傳著多種說法，其中一種是說，王昭君為了榮華富貴進了皇宮，因為沒有錢賄賂畫工，才珠玉蒙塵。後來又因為久久得不到寵愛，心中有所怨氣，所以才在匈奴單于求親時，一怒之下去了塞外。結果她一到匈奴就後悔了，所以她在丈夫死後立刻要求回國，卻又被冷冷拒絕。這樣的解讀，看似合情合理，其實太過片面。

正如前面我提到的，王昭君只是掖庭中的一名普通宮女。掖庭，在很多人印象中應該都沒有明確的定義，後期這個地方就是用來選秀的，但王昭君所處的時期不同，它基本上等同于宮中監獄，那裡集中起來的都是犯錯的嬪妃、罪犯這類人。

說起掖庭，它的前身是秦代的「永巷」，漢武帝將之改名為掖庭，在裡面設置了宮中監獄，比如「暴室」「廷尉詔獄」「上林詔」等。《三輔黃圖》裡就有這樣的記載：「武帝改永巷為掖庭，置獄焉。」

直到西漢後期，掖庭的監獄功能才被減少，逐漸發展成了宮女管理、選取嬪妃的機構。關於這點在《後漢書．皇后紀》的記載如下：「漢法，常因八月算人，遣中大夫與掖庭丞及相工，於洛陽鄉中閱視良家童女，年十三以上，二十已下，姿色端麗，合法相者，載還後宮，擇視可否，乃用登御。」

結合這兩段記載，雖然不清楚漢元帝時期選秀到底是什麼程式，但能夠確定的一點就是，這個時期的掖庭宮女非常卑微，很難見到皇帝，她們就像是領一份微薄薪水的普通打工女。

古代的女人，通常只能依附於男人，一輩子生活在後宅，出去拋頭露面工作要遭受世俗偏見。因此，那個時候女人要想過上好生活、嫁個好人家，只能討得男人歡心，不然怎麼會流傳出「嫁人是女人的第二次投胎」這句話呢？甚至直到今天，還有人堅信這一點。

我們以現代的眼光來看，這種舉動是拜金主義，這樣的女性也不夠獨立自我。但是如果放在古代的大環境來看，它或許也算是合情合理的舉動。畢竟，在嚴苛的封建禮教下，女人的出頭之路少之又少，為了過上好生活而努力，這既沒有違法，也沒有傷害到他人，途徑也非常體面，怎麼都不應該被片面地解讀為愛慕虛榮。

再來說歷史上和親的公主和宗室女們，她們都是被動接受命運，所以我們每每談到和親這件事，就會生出一個討論話題——她們是自願的嗎？我想答案基本上都是否定的，當然，這個話題只有在今天才成立，封建男權統治下大概沒有人會關心她們的想法。她們除了乖巧順從也別無選擇，否則會被怎麼批判、落個什麼下場，真的很難說。不過我們今天不探討女權，只是在談到那些沒有選擇權的女人時，稍微憐惜一下。

毫無疑問，嫁去異國他鄉有諸多不便，語言不通、水土不服，風俗人情也需要適應。江都公主劉細君就是一個例子，她和親後短短五年就病逝了，就是因為生活上的各種不適應。

和親並沒有看上去那麼美好，就算女子地位尊貴，也要面臨各式各樣的問題。最重要的是，如果聯姻後雙方國家突然有了摩擦，或者關係直接破裂，她們的處境會非常艱難。比如金城公主、解憂公主都曾遇到過這種事情，甚至還不止一次。

就拿金城公主來說，她和親吐蕃沒過幾年，吐蕃就大肆侵犯大唐邊境，開始了長達十七年的戰爭。其間好幾次，吐蕃以金城公主的名義求和，唐玄宗都沒有同意。我們可以想像，這種情況下金城公主的處境有多麼尷尬。若非如此，她也不會試圖出走，前往一個對大唐十分友好的小國家。只不過，唐玄宗知道這件事後，對她進行了安撫，金城公主不得不按捺住性子，繼續留在吐蕃。

還有另一個有名的例子，太平公主。那時候吐蕃使臣去大唐求親，點名求娶最受寵愛的太平公主，唐高宗和武則天捨不得心愛的女兒去吐蕃受苦，又不好直接拒絕，就修建了太平觀讓女兒住進去，出家當道姑，借此來回避和親。當然，出家只是暫時性的，「風頭」過後，太平公主就還俗了。只不過，絕大多數人都沒有太平公主幸運。所以，王昭君主動提出和親十分令人意外，她也許很清楚未來會比較苦，但仍然毛遂自薦，由此可見她異于常人的勇氣和決心。

她為什麼要這麼做，已經不重要了。

我也不認為漢元帝只是隨便賜了個女人給匈奴單于，他定然經過仔細斟酌。政治聯姻沒有那麼簡單，她要做的不單單是匈奴王后，還要努力維繫兩國的關係，拉攏匈奴的權貴，甚至於收買民心。雖然正史沒有明確記載這一點，但王昭君的成功自薦，只能說明在漢元帝的考量下，她的個人素養合格。

整個聯姻過程，雖然不知道王昭君做到了什麼程度，但是從最後的結果來看，兩國長達半個世紀的和平共處，就是她交出的答卷。至於那些還在計較什麼「當匈奴王后比當宮女強」「嫁過去只用享福」的人，在這種國家大義面前，未免顯得格局太低。

在我看來，王昭君不僅努力上進，還是個很有思想的女人。試想一下，如果她不曾選擇入宮，很可能就會嫁給村子裡的張三，或者鎮子裡的李四，一生將會平平淡淡地過去。如果她沒有自薦和親，遠嫁匈奴，漫長的歷史或許也會失去幾分色彩。

只可惜，王昭君最終還是被封建禮教所累，女人的思想顯然不如她的美貌更具有傳頌價值，以致後世人大多記住的是她的美貌、她的野史傳聞、她的坎坷遭遇，而逐漸隱沒了她身上這些更大的閃光點。

野蠻風俗之下，到底不負使命

「昭君出塞」的故事，向來是文人墨客的寵兒，自漢代以來，文學作品裡就常有提及，並且進行了大量的藝術改編創造，但延伸的大方向都比較悲情淒婉。後來的詩詞戲劇，就比如我上面提到過的那些，都受到了或多或少的影響。

其中對後世影響最大的作品，還要屬唐代敦煌的《王昭君變文》。據它講述，當時匈奴強大，漢朝虛弱，昭君出塞就是朝廷屈辱求和的表現。王昭君到了匈奴後過得也不好，她思念故國，愁腸百結，以致最後傷病身亡。

接著再到元代馬致遠的《漢宮秋》，在被加以創作後，這個版本的戲劇色彩更加濃烈，還被後世評為元曲中的四大悲劇之一。

來講一下這部《漢宮秋》的內容：王昭君入宮後，因為被毛延壽畫醜，在冷宮蹉跎年華。但機緣巧合下，某個深夜，漢元帝被她的琵琶聲引來，對她一見鍾情。毛延壽知道這件事後，很擔心自己弄虛作假的事情被發現，連夜出逃到了匈奴，還把王昭君的真實畫像獻給了單于。單于看到畫像後十分心折，為了得到美人，不惜讓大軍強勢壓境。局勢緊迫，漢元帝迫於無奈，只能把心愛的姑娘忍痛相讓。

單于得到王昭君後，欣喜若狂，就率領大軍離開了。然而王昭君不捨故國，到了兩國交界處，她在傷心之下跳河而亡。單于非常難過，但為了避免多生事端，就把毛延壽遣送回去，讓漢元帝洩憤。漢元帝哀痛不已，斬殺毛延壽以祭奠王昭君。

不管是《王昭君變文》還是《漢宮秋》，內容都跟正史的記載完全不同，甚至還更改了漢元帝時期的政治形勢。

事實上，邊境形勢比較緊張的時期，只有漢朝建國初期。那時候漢朝剛結束內亂，經不起繼續打仗消耗，所以接連幾位掌權人都採用了「無為而治」，休養生息。整個西域都在匈奴的控制下，匈奴姿態非常強勢，漢朝不得不暫時服軟，以和親暫時換取邊境的安寧。

但這種敵強我弱的情況，從漢武帝時期就漸漸地得到了改善，大將軍衛青率兵將匈奴擊潰後，雙方地位就徹底扭轉了過來。

到了漢宣帝時期，匈奴內部分裂，五單于相爭，經過了長時間的動盪，國力十分低微。在這種權力傾軋中，有一位名為呼韓邪的人當上了單于，但他的地位並不穩固，還在西元前五十四年，被他的兄長郅支擊敗。呼韓邪為了保全自己，對漢朝俯首稱臣。

呼韓邪作為歷史上第一個到長安覲見的匈奴單于，一生中到過長安三次，盡藩臣之禮，又殷勤地提出要當漢朝的女婿，漢元帝才點頭把王昭君嫁給他。

和親後，王昭君被稱為「甯胡閼氏」（閼氏，意味著匈奴王后），與呼韓邪育有一子，被封為右日逐王。然後，呼韓邪在漢朝的幫助下，重新統一了匈奴，結束了多年的戰亂和分裂。

在這種境況下和親的王昭君，到了匈奴肯定會受到禮遇。雖然我們不清楚她和呼韓邪婚後的感情怎麼樣，但只從政治形勢上來看，兩人就算沒有很深的感情，至少也相敬如賓。

只可惜，這段婚姻只持續了短短三年。三年後，呼韓邪去世了，如果按照漢朝的風俗，王昭君結束一段婚姻，可以再嫁也可以選擇單身生活，但是匈奴卻有個極其野蠻的風俗，叫作「收繼婚制」。按照這個規定，王昭君必須要嫁給繼位的新單于，也就是呼韓邪與第一任妻子的兒子。

我初次看到這個習俗時，非常震驚。《史記．匈奴列傳》中有記載：「父死，妻其後母；兄弟死，皆取其妻妻之。」收繼婚制，在西方又被稱為利未婚，指的是女性在丈夫去世後，要改嫁給亡夫的兄弟、叔伯、兒子（親生子除外）。這種風俗的產生，是因為當地的人們認為嫁到本族的女子是屬於夫家的財產，如果丈夫死後，其妻嫁到別的地方，就會令家族喪失財產和勞動力。

收繼婚制在漢族地區被視為「亂倫」，不僅相關法律禁止，還會受到社會輿論的譴責和唾棄。王昭君自幼就深受儒家禮教的影響，不難想像，這個消息對她來說完全是晴天霹靂。

唐朝的甯國公主，曾經就因為不滿當地風俗，做出過非常激烈的抗爭。甯國公主和親回紇，丈夫去世後，按照當地的風俗，她要給丈夫殉葬。甯國公主在風氣開放的唐朝長大，深受譬如武則天、韋后、太平公主這些女強人的影響，思想行為都比較大膽。所以面對這個要求，甯國公主堅決不同意，還強勢聲稱：「我們大唐的禮法，丈夫死，只需要服喪三年。你們既然求娶大唐公主，就要按照我們的禮法，不然何必萬里來結親？」說完這些話，她就「剺[13]面大哭」。「剺面」也是一種喪葬習俗，即用刀劃破自己的臉，用血淚交織，來表達自己的哀悼和祭奠。在當時來說，這也算一個折衷的方法，回紇大臣們拿甯國公主沒有辦法，也不願意得罪唐朝。事後，甯國公主抗爭勝利，成功回國了。

甯國公主貴為公主，這可能是她有足夠底氣去反抗的原因。而王昭君出嫁前只是宮女，兩人身分不同，以致行事風格截然不同。相比甯國公主的決絕，王昭君則採用了溫和的方式，她向朝廷上書，說明情況並請求回國，只可惜當時在位的漢成帝並沒有同意她的請求，反而讓她遵從匈奴的風俗。

其實我也在想，如果王昭君是一位身分尊貴的公主，以當時兩國的局勢來說，不是沒有回去的可能性，或許她還能用更決絕的姿態去反抗。但偏偏沒有如果，王昭君在收到漢成帝的答覆後，很快就接受了這個收繼婚制，再嫁給了復株絫單于。

我們無法揣測王昭君的心情如何，大概是感到震驚而痛苦，但她最終的認可，或

13 剺，音ㄌㄧˊ。

許是因為她意識到，她與匈奴單于並非個人關係，而是維持兩國關係的政治象徵。這就是王昭君的第二次婚姻。她與第二任丈夫共同生活了十一年，生了兩個女兒。丈夫去世後，他的弟弟搜諧若鞮單于繼位。又過了兩年，王昭君病逝，終年三十六歲。

王昭君和親後，匈奴和漢朝和平共處，長達半個世紀。她為匈奴帶去了大量的漢族文化和物資，促進了雙方的文化交流，而當時相對落後的少數民族也因此對漢朝先進的制度產生了嚮往，逐步開始效仿。比如說，後來匈奴取消了收繼婚制這個野蠻風俗。

《漢書．匈奴傳》中記載：「邊城晏閉，牛馬布野，三世無犬吠之警，黎庶亡干戈之役。」這塞外邊城的城門關閉，牛馬成群遍佈原野，幾代人生活安寧，就連示警的狗叫聲也不曾聽到過，老百姓安居樂業，從此不用再拿起武器去戰鬥。由此可見當時邊境百姓生活的安寧程度。

王昭君具體做了哪些事，歷史上沒有記載，野史傳說裡卻有不少。比如說，她流下的淚水，落在冰涼的沙子上，就變成了清泉；她拿起剪子用黃紙剪了一隻小羊，頃刻間，周圍就牛羊成群……這裡不再贅述。

再來說說王昭君在病逝之前，到底有沒有三嫁給搜諧若鞮單于，由於史書上沒有記載，這也就成了一個千古謎團。同時這一點，也留給了文人們盡情創作的想像空間，用現在的話來說，就是「腦補」。

文人們不僅以王昭君的口吻創作出了《報漢元帝書》，還以她的口吻寫出了一首思念鄉土的《怨詞》，言辭淒婉哀傷，令人感懷惆悵。之所以說是偽作，前者是因為王昭君上書時，在位的已不是漢元帝，時間上就自我矛盾；而《怨詞》最早是出現在《琴操》裡的，這本書裡對王昭君的介紹與正史不符，存在很大的疑點。

縱觀那些文學作品，王昭君的形象都很完美且令人心碎。她絕美、淒涼、哀傷，她思念故國，她怨漢元帝，她也怨匈奴野蠻的風俗，許多詩篇著作中都體現出了這一點。只是對於後世的我們來說，瞭解她的故事以及相關詩詞，需要以客觀冷靜的眼光去看待。

比如說杜甫的《詠懷古跡．其三》：

群山萬壑赴荊門，生長明妃尚有村。

一去紫台連朔漠，獨留青塚向黃昏。

畫圖省識春風面，環佩空歸夜月魂。
千載琵琶作胡語，分明怨恨曲中論。

穿過群山一路奔赴荊門山，這裡是昭君生長的村莊。她離開宮廷前往遙遠荒漠，最後只留下在黃昏中顯得淒涼的青塚。糊塗的君王根據畫像選美，錯過了昭君，以致她一生只能在異國他鄉思念故土，唯有去世後，她的靈魂才能在夜月下歸來。千百年後，那琵琶聲似乎依然在空中回蕩，分明是在訴說她無盡的哀怨。

「青塚」即是昭君墓的意思，杜詩裡曾做注釋：「北地草皆白，惟獨昭君墓上草青，故名青塚。」關於青塚，王安石也寫過一佳句，作為感慨：「漢恩自淺胡恩深，人生樂在相知心。可憐青塚已蕪沒，尚有哀弦留至今。」

清朝的著名詞人納蘭性德的作品《蝶戀花．出塞》中，也簡單地提及了王昭君，雖然她不是詞作的主題，我們也可以品讀一下：

今古河山無定據。畫角聲中，牧馬頻來去。
滿目荒涼誰可語？西風吹老丹楓樹。

從前幽怨應無數。鐵馬金戈，青塚黃昏路。

一往情深深幾許？深山夕照深秋雨。

納蘭性德是康熙身邊的一等侍衛，這首詞就是他伴隨康熙出塞時寫下的，借由描寫荒涼的古戰場，來抒發自己對歷史興衰變遷的感慨。

自古以來，為了爭奪江山，時戰時和，而提到昭君出塞的故事，代表的就是「和」的這種形式。納蘭性德從「一去紫台連朔漠，獨留青塚向黃昏」這句得到感觸，寫出了一句「青塚黃昏路」，再到詞的最後兩句「一往情深深幾許？深山夕照深秋雨」，則抒發了他對國家的一往情深。

最後一句，也可以當作是納蘭性德對王昭君的感慨——你曾經（對家國）的一往情深究竟有多麼深呢？是否如這夕陽下深秋山雨一般深情呢？整首詞婉轉優美，意思深沉含蓄，亦有弦外之音，令人回味無窮。

王昭君做出的選擇，常人難以理解，而她在匈奴的生活，不用易地而處都知道其中的艱辛。其實，從漢元帝見到她驚為天人的表現來看，如果她不曾開口自薦，也許會被留在漢朝皇宮，榮華富貴的一生唾手可得。但如果她這麼選了，她就不是名垂千古的王昭君。

終其一生，我們大多數人都在追求更舒適、更輕鬆的生活，少有人願意給自己出難題。如果把王昭君放在一個普通女人的位置上，我們只能讀懂她的難，但如果將她放在一個成功外交官的位置上，我們才能順暢地解讀她的生命軌跡，明白她的追求和大愛。

世人們憐惜這位絕代佳人，爭相傳頌她的故事，也因此，我們才能從文章和詩篇中窺見那絕麗的身影，感傷她的經歷。

在我看來，王昭君是一個活得清醒、理智的女性，她獨立自我，有自己的思想和追求。不管是去皇宮謀求更好的生活，還是自請和親這一點，都是她主動選擇的結果，她顯然清楚自己要的是什麼。

如果說，她的前半生一直在追求物質，那她的後半生就一直在追求精神上的滿足。她用柔弱的肩膀扛起了國家使命，她溫柔而堅定，將生命和熱忱都獻給了那片一望無際的原野，為那片荒涼帶去了勃勃生機。這樣的成就，就算放到整個歷史去看，也不比其他叱吒風雲的女強人差多少。

大概也正因如此，後世的人們才一直對她的婚後生活充滿好奇，甚至關於她究竟活了多久的事，也因為史書無甚多記載，而創作出了她活到五十多歲的故事版本。

縱觀王昭君的一生，我們不應該只記住她美麗的外表，也應該記住她的思想與靈魂。

趙飛燕

她的確不擇手段，但跟「穢亂」絕不沾邊

從來被人汙名化，那就任他們說去吧！
榮華富貴皆在手，權貴都要彎腰低頭。
她就沒輸過，是輸的那個人連累了她！

姊姊小檔案

趙飛燕（？～西元前 1 年），趙氏，號飛燕，舞蹈藝術家，獨創「掌上舞」「踽步」，為漢成帝劉驁第二任皇后。

古代被指責穢亂宮闈的女人裡，趙飛燕應該是最冤的一個。穢亂，顧名思義就是私生活不檢點，跟配偶以外的人勾搭到一塊，或者說成日跟一人甚至多人放縱行樂。在封建社會，一個人的名聲、氣節那是天大的事，一個人的名節要是沒了，那和要了他的命沒兩樣，所以才會產生「以死殉節」這種守護名譽的激烈行為，並且能得到一片讚許敬佩。當然，這些不是漢朝的風氣，但由此也能看出「穢亂」這種指責有多麼嚴重，但凡哪個女人跟這個標籤扯上關係，必然會名譽掃地、千夫所指。

現在網上有很多博人眼球的排行榜，什麼「八一八穢亂宮闈的五大皇后」「歷史上十個最放蕩的女人」，讓我印象深刻的倒有兩個。

比如說北齊胡太后，根據記載，她還在做皇后時，就跟太監們尋歡作樂[14]。後來為了跟人私通，令和尚假扮尼姑到宮裡禮佛說法[15]。亡國後，皇族女眷們流落街頭，生

14《北史》記載：「初武成時，後與諸閹人褻狎。」

15《北齊書》記載：「帝聞太后不謹，而未之信。後朝太后，見二少尼，悅而召之，乃男子也。於是曇獻事亦發，皆伏法。」

活淒涼，只有胡太后舒舒服服地活在花街柳巷，如魚得水，還發出了「當后何如當妓樂」的感慨。

還有春秋時期鼎鼎有名的夏姬，直接被評價為淫邪成性，她跟多個諸侯、大夫都有私情，這些男的因為爭風吃醋甚至引發了一系列歷史大事。她當過三次王后、七次夫人，九個男人因她而死，號稱「殺三夫一君一子，亡一國兩卿」。看到這為禍程度，想必楊玉環、褒姒等人都望塵莫及。

封建男權社會，對女性有著苛刻的要求，男人可以三妻四妾，女人卻必須從一而終，就連吃個醋都是犯了《女德》裡的七出之罪，所以諸如胡太后、夏姬等人都在榜單之中倒可以理解。但趙飛燕經常性入榜，就大大出人意料，偏偏「穢亂」這個標籤貼在她的身上，就像狗皮膏藥一樣黏著不放，只是在通讀史料後，你就會知道真相並非如此。

她或許會為了爬上位而不擇手段，或許會為了排除異己而打擊報復，或許不是傳統意義上的好女人，但跟「穢亂」這個詞語並不沾邊。細究起來，她也許是被那好色成性的皇帝給連累了名聲。

生於卑賤，金子卻在哪裡都會發光

古代那些出身卑賤，最後卻成功逆襲的女人，真不少。

竇太后竇漪房，本來只是個普通宮女，離宮之日她打算前往離故鄉近的諸侯國，誰知道宦官一個疏忽，她被強制送到了代國，又陰錯陽差地被當時的代國國王看中，這才一路扶搖直上。

還有孝景皇后王娡，她的故事說起來很有傳奇色彩。她是普通人家的女兒，原本已經結婚，嫁了個農夫，還生了個女兒，過著細水長流的平淡日子。後來她的母親臧兒找了個算命先生為子女算命，算命先生掐指一算，就點出王娡「命中大貴，會生下天子」。

臧兒一聽頓時大喜，她這人有野心，膽子也大，回頭就讓王娡跟丈夫斷絕關係，托了些關係把王娡送去了太子宮。後面的一切順理成章，王娡生了劉徹，也就是後來威名赫赫的漢武帝。

都說唐朝風氣開放，其實漢朝也不差。若非如此，一個結過婚生過孩子的女人，怎麼也輪不到她當皇后。而且細數起來，再算上衛子夫、許平君等人，從沒有哪個朝代的皇后身分這麼不起眼，數量還如此之多，但也正因如此，才讓趙飛燕看到了往上爬的機會。

趙飛燕幼時過得很苦。她出生在長安城裡的平民之家，家境貧寒。她出生沒多久，就被父母拋棄，具體原因沒有記載，可能因為不是男孩子，也可能是因為養不起，就被抱出去扔掉了。不過趙飛燕命很大，據說被扔在野外三天都沒死，既沒被野獸殘害，也沒餓死。父母見此，大概也覺得冥冥之中自有天意，於是，又把她抱回了家中，養大成人。

在封建社會的大環境下，家裡要是沒個兒子，就意味著斷了香火，對不起列祖列宗。趙飛燕當然不是獨生女，她還有一個哥哥、一個弟弟和一個妹妹，家庭負擔不輕。古代沒有計劃生育，女人懷了孩子就會生下來，養個幾年又是新的勞動力。

我想趙飛燕一定從別人口裡聽說過自己「被拋棄」的事情，不難想像，她應該一直忐忑不安，既珍惜如今的生活，也不敢有得過且過的放鬆心態。所以，她沒有和妹妹一樣留在家裡幫母親打理家務，而是選擇了外出工作，急於體現自己的作用和分量。

趙飛燕是中國歷史上傳奇的美人，現在有一個詞語叫作「環肥燕瘦」，通常拿來形容女子，表示高矮胖瘦各有各好看的地方，也常拿來借喻某些風格不同的作品各有所長。但很多人不知道這個成語的來源，其實「燕」指的就是趙飛燕，趙飛燕以體態輕盈纖瘦著稱；而「環」指的則是楊玉環，楊玉環是胖美人的代表人物。

作為能和楊玉環相提並論的絕色美人，趙飛燕自幼就鶴立雞群，出落得水靈靈的，而且她身材纖瘦，窈窕多姿。有了這般優越的外在條件加持，她很容易就被選中，成了陽阿公主府內的一名准舞姬，跟隨老師學習跳舞。據說，她的聲音就和黃鸝鳥的叫聲一樣婉轉動聽，只是從她最後的成就上來說，應該和舞技不可比擬。

有句話說，成功是99%的汗水加上1%的天資，但很多時候這1%的天資比99%的汗水更重要。努力並不稀罕，每個人都可以努力，但天資不是誰都能擁有的。趙飛燕兩者兼備，所以開始學習舞蹈後，她的進度一日千里，其他舞姬難以望其項背。

機會總是留給有準備的人，成為一個優秀的舞姬後，趙飛燕並沒有停止腳步，她繼續探索舞蹈的可能性，舉一反三，很快編排出了新的舞蹈。不僅如此，她還創作出了歷史上聞名的「掌上舞」和「踽步」，更因此名聲大噪。

至今大家提到趙飛燕，第一個想起的便是她身輕如燕，可以在人的手掌上翩翩起舞，即「掌上舞」，她也因此得名「飛燕」。而她的第二大舞技「踽步」是一種特殊的動作，她的身形像風中的花朵一樣輕輕搖動，即使行走時也翩躚多姿。

這兩者是趙飛燕獨有的標誌，後來沒有人可以重現這種舞姿，她也因此獲得斐然成就，成為歷史上難得的舞蹈藝術家。

《趙飛燕別傳》裡對「踽步」有如此一段描述：「趙後腰骨纖細，善踽步而行，若人手持花枝，顫顫然，他人莫可學也。」

據說，趙飛燕之所以能創作出「掌上舞」和「踽步」，跟她骨骼天生異于常人有關。她的骨骼畸形，體重非常輕，也因此在出生時被父母視為異端。只是誰也沒想到，她竟能把自身的劣勢化作優勢，在舞蹈方面獨樹一幟。

不過，以上只是野史話本裡的傳言，正史記載中並未提到這一點。雖然野史裡說得有鼻子有眼，戲劇張力十足，但當正史和野史產生衝突時，我們一般都遵循主流觀點。

機會總是留給有準備的人，在衛子夫靠著一頭綢緞般的秀髮上位後，趙飛燕憑著那絕世無雙的舞姿，成功地讓漢成帝劉驁傾倒在了她的石榴裙下。結果並不意外，我甚至猜測，這就是趙飛燕入公主府的終極目標。

漢朝有獻美風氣。這還要從館陶公主說起，她是個情商很高的女人，長袖善舞，又審視適度，在皇權富貴之間總是遊刃有餘。作為漢景帝的胞姊，竇太后的獨女，她非常善於維持各方面的關係，比如發現漢景帝后宮沒有可心的花解語，她就送了美人給漢景帝。

這個行為在當時挺被詬病，但不可否認，漢景帝舒心了，館陶公主得到的回報想必也足夠豐厚。漢景帝跟她比較能聊到一塊兒，偶爾會找她討論點事情，讓她出出主意。就這樣，館陶公主算是以另一種形式，參與了女性不被允許插手的政治，後來劉徹能夠繼位，跟館陶公主也有莫大的關係。

獻美的好處能夠看見，後來的人紛紛效仿。比如說，劉徹的第二任皇后衛子夫，原本只是平陽公主家的歌女。有一日劉徹祭祖後去看望平陽公主，平陽公主為了討好劉徹，準備了十幾個美人要獻給他，但劉徹都不感興趣。平陽公主也沒多糾纏，就擺開了宴席吃飯，又喚來歌女唱歌助興，其中就有衛子夫。

劉徹一眼就看中了衛子夫，平陽公主很善於察言觀色，便發現了這一點。宴席用得差不多了，劉徹去更衣，平陽公主就讓衛子夫去伺候，劉徹見衛子夫一頭烏黑亮麗的秀髮，十分喜歡，當時就臨幸了她，離開時就把她帶回了皇宮。從那以後，才有了衛皇后、衛青以及霍去病等人的故事。

既然有了館陶公主、平陽公主這兩個成功的案例，陽阿公主也摩拳擦掌，她豢養並訓練了一批歌女、舞女在家中。而趙飛燕，大概也聽說過館陶、平陽兩個公主獻美的故事，所以她除了把舞姬的身分視為一份工作，也把它當作向上爬的階梯。

她拚命練習舞蹈、編排創造新的舞種，做了極為充分的準備。所以當機會來臨的那一刻，她應該是懷揣著十足的信心登場。那眼波流轉，紅裙舞動，舉手投足間都有著無窮的韻味和魅力，她只用一舞就讓漢成帝劉驁深深地著迷，並且無法自拔。其他的舞姬，全部成為襯托趙飛燕的黑白背景，劉驁眼裡只有趙飛燕。

《飛燕外傳》中，關於趙飛燕的舞姿，有過一段神乎其神的描述：趙飛燕因為體態極為輕盈，每每當她擺動著腰肢，翩翩起舞時，就好似即將乘風而去，美得驚心動魄。某一天，她來到太液池旁邊，在嫋嫋仙樂中，如往常一樣跳起舞來。劉驁本來正津津有味地欣賞，突然一陣狂風，趙飛燕隨風而起，眼看就要被風吹走。劉驁大驚失色，連忙讓人拉住她的裙擺，這才令她倖免於難。雖然趙飛燕的裙裾被抓得皺了，卻有了一種別樣的美感，宮女們各個暗自羨慕。後來，這種帶有褶皺的裙子就盛行了起來，人們還給這種款式起了一個美麗的名字，叫作「留仙裙」。

這些都是題外話了，不過也能從這誇張的描述中看出，趙飛燕的舞多麼如夢似幻、翩然如仙。公主府的宴席之後，劉驁帶走了趙飛燕，把她封為婕妤，夜夜臨幸。而後宮裡的其他女人，從趙飛燕踏進宮門的那一刻起，就全部失寵。

唐代詩人徐凝曾寫過一首《漢宮曲》，講述了趙飛燕的宮廷生活。

水色簾前流玉霜，趙家飛燕侍昭陽。
掌中舞罷簫聲絕，三十六宮秋夜長。

霜白的月光流瀉一室，晶瑩剔透的珠簾微動。昭陽宮殿裡，趙飛燕踏著曼妙的舞步，為君王起舞。一曲掌中舞後，嫋嫋樂聲隨之停止，而三十六宮也因此清冷了下來，令人感到時光分外漫長。

這首詩的寫法很高明，沒有直接寫趙飛燕的受寵程度，卻用宮女們的視角作為反襯，因為她一人得寵，宮殿的其他所有人，都因為得不到君王青睞，被冷落到一邊，孤苦淒涼。

清代的文人黃叔燦，曾在所著的《唐詩箋注》裡，對這首詩做出如下批註：「一人承寵，各院淒涼，只『秋夜長』三字已足。」

「昭儀」只是工作，她並不貪戀皇帝寵愛

在那個時代，獻美真的不稀罕。

除去之前說過的例子，劉徹還接受過一次有名的獻美，那是當時的宮廷音樂家李延年，用一首歌謠「一顧傾人城，再顧傾人國」，成功地把自己的妹妹舉薦為了劉徹的寵妃，也就是有名的李夫人。

這個獻美故事，也被傳為歷史佳話，人們津津樂道。可惜人不同，命也不同。劉驁不是劉徹，他不具備劉徹的政治能力，局面很快就被他玩脫了。

劉驁這個人，真讓人不知道怎麼說才好，他就是那種典型的沒什麼能力還不努力的人，達到一個目標就飄飄然了，坐吃等死，唯獨在享樂方面腦袋靈光，什麼花樣都能玩出來。說實在的，如果不是身邊的支持者給力，他的皇位能不能保住都不好說。

劉驁最努力的時段，還要屬他沒當上太子以前以及成為太子的初期。他的祖父漢宣帝還在世時，尤其喜歡這個嫡皇孫，經常把劉驁帶在身邊教導。那時候劉驁還是個愛學習的好少年，聰明伶俐，喜歡讀書寫字，性格寬厚謙讓，做事也十分謹慎，方方面面都表現得像一支優質潛力股。

大概也因此，劉驁的父親漢元帝在對比了幾個兒子後，決定投資這支潛力股，所以漢元帝剛繼位沒多久，就痛痛快快地讓劉驁當了太子。

劉驁順利達成了初期目標，心裡欣喜，挺直了腰板打算繼續表現。舉個例子，有一次漢元帝緊急召見劉驁，劉驁卻來遲了。漢元帝本來有點不高興，知道緣由後卻很欣慰。

宮裡有一條皇帝專用道，只要穿越了這條路，就能省事省時間。但劉驁知禮守禮，就算急急忙忙也不肯壞了規矩，繞了一大圈才到宮殿見漢元帝。漢元帝一聽這個解釋，頓時覺得劉驁安分守己，是個懂禮孝順的孩子，立刻就大方地下令，給了劉驁一個特別許可，讓他日後可以直接穿越皇帝專用道來覲見。但後面的歲月裡，劉驁長歪了。

劉驁當了十幾年的太子，隨著年齡的增長，他變得懶散，沉於酒色。我甚至懷疑，劉驁以前的表現，並不跟隋煬帝楊廣一樣，為了當太子狠狠地偽裝了一陣子。劉驁就是太子位坐得太穩，缺乏競爭對手，才墮落至斯。

漢元帝只有三個兒子，中山王劉興沒什麼才能，連劉驁都瞧不上他。定陶王劉康品性倒還不錯，但只愛搞點藝術，玩玩樂器，也難以堪當大任。挑來挑去，也只有劉驁在政治方面相對出眾一些。只是後來，漢元帝纏綿病榻，對劉驁忍無可忍，加上又有寵妃傅昭儀在一邊吹耳旁風，他覺得換傅昭儀的兒子（劉康）也還不錯。

從皇帝臥病在床起，劉驁和他失寵已久的媽一直都見不到皇帝，被隔離在外。兩人急得像熱鍋上的螞蟻，但也只能乾著急。關鍵時刻，漢元帝的心腹大臣史丹出馬，扭轉了乾坤。

史丹政治投資劉驁很久了，一直都是這條船上的人，他察覺事情不對，立刻找了個機會，趁傅昭儀和劉康不在時，單獨見了漢元帝一面。他跪在漢元帝的床邊，聲淚俱下地為劉驁求情，又細數劉驁的好處，說得十分動人。漢元帝聽了他的一席話後，打消了廢黜太子的想法，又交代他以後要好好輔佐劉驁。

過後沒多久，漢元帝駕崩，劉驁繼位。

倒不是漢元帝心軟，歸根結底，都是另外兩個兒子能力不足，才讓他下不了決心。漢元帝只能寄希望在劉驁身上，可惜他期待的局面沒有出現。縱觀西漢的歷史，我忍不住嘆一口氣，後面的劉家子孫都太不成才，再也見不到「文景之治」「昭宣中興」的欣欣向榮之景，西漢逐步走向衰弱。

對於這個差點弄丟的太子位，劉驁也沒有多珍惜。在漢元帝去世後，他立刻跟脫韁的野馬一樣，放飛自我。此前頭頂上還有個能管束他的人，他沉溺酒色好歹也有個限度，如今肆無忌憚起來，那完全是沒眼看。一方面，他花費了大量的金錢和勞力，建造供他淫樂的奢華宮殿。另一方面，他男女不忌，成日都想著床幃間的那些事兒，非常荒淫。

趙飛燕就是在這個時期，進入了劉驁的視線。得到趙飛燕這般的絕色美人，劉驁當然奉若珍寶，為了取悅她，劉驁把什麼好東西都捧到她面前。趙飛燕的家人一躍成為皇親國戚，享受著特權階級的待遇，金銀財寶、身分地位應有盡有。劉驁還為她在太液池專門建造了一艘奢華的船，叫作「合宮舟」，兩人經常在此享樂，樂伎們伴奏，趙飛燕則隨著笙歌翩翩起舞。

趙飛燕如此受寵，其他人只能望洋興嘆。趙飛燕進宮之前，最受寵的是班婕妤——這個史書上讚譽有加的作家，古代人心目中的完美女人。而趙飛燕進宮之後，班婕妤為了避開她的鋒芒，只能閉門不出。現在有些人用這一段來調侃男人的劣根性，說「冰清玉潔的才女還是敵不過妖媚的小妖精」，我不由得感慨他們的淺薄無知，只瞭解了一部分事情就敢蓋棺定論。

班婕妤的名字不詳，「婕妤」只是她在嬪妃裡的等級稱號。她出身功勳之家，父親曾在對抗匈奴時立下過汗馬功勞。她才思敏捷、文采出眾，閒暇時喜歡看看書寫寫詩，是個安靜又守禮的女子。剛入宮的時候，劉驁非常寵愛她，為了她也屢屢想要逾制，不過都被她勸了回去。

有個很有名的事件，劉驁最迷戀班婕妤的時候，從早到晚都想跟她黏在一起，還特意讓人打造了一輛大的輦車，以便帶著班婕妤一起遊玩。這要換作其他妃子，多半受寵若驚，會覺得這是皇帝厚愛，也是一件抬高自己地位、非常值得炫耀的一件事。但班婕妤一聽，毫不猶豫地拒絕了。

班婕妤說：「我看歷代留下來的圖畫，聖賢的君王，旁邊都帶著名臣。反倒是那些亡國之君，夏桀、商紂、周幽王這些人，才會讓妃子坐在旁邊。如果我跟你一起，不是跟後者很相似嗎？」劉驁聽了後，也是心中一凜，立刻打消了這個念頭[16]。皇太后知道這件事後，對班婕妤的好感度直線上升，誇她「古有樊姬，今有班婕妤」。

說起樊姬，一開始楚莊王非常喜歡打獵遊玩，樊姬擔憂他荒廢國事，就經常勸他不要玩物喪志。後來楚莊王改過自新，把國家治理得井井有條，一路高歌猛進，問鼎中原，成為一方霸主。唐朝的宰相張說對樊姬高度讚許，讚嘆說「楚國所以霸，樊姬有力焉」。皇太后把班婕妤和樊姬相提並論，可見對班婕妤的認可度。班婕妤也希望能給劉驁一些正面影響，做了很多努力。只可惜，劉驁似乎只需要一個能跟他一起縱

16《漢書．外戚傳》：「成帝游於後庭，嘗欲與婕妤同輦載，婕妤辭曰：『觀古圖畫，賢聖之君皆有名臣在側，三代末主乃有嬖女，今欲同輦，得無近似之乎？』上善其言而止。」

情取樂的女人，而不是班婕妤這種處處管住他的「賢內助」。

所以，在趙飛燕走入劉驁的視線後，他立刻把班婕妤拋之腦後，直接給了趙飛燕一個僅次於皇后的位號——昭儀，位同丞相，爵比諸侯，直接壓在班婕妤的頭上。可想而知，皇太后有多喜歡班婕妤，就會有多厭惡趙飛燕。

班婕妤門庭冷落，淒涼不已，平時也沒什麼事可以做，閒時就寫了一首《怨歌行》（又名《團扇詩》），以此感傷自己的命運：

新裂齊紈素[17]，皎潔如霜雪。
裁為合歡扇，團團似明月。
出入君懷袖，動搖微風發。
常恐秋節至，涼飆[18]奪炎熱。
棄捐篋笥[19]中，恩情中道絕。

---

17 新裂：指剛從織機上扯下來。裂，截斷。齊紈（ㄨㄢˊ）素：齊地出產的精細絲絹。紈素都是細絹，紈比素更精緻。漢政府在齊設三服官，是生產紡織品的大型作坊，產品最為著名。素，生絹。

18 涼飆：涼風。飆，疾風。

19 捐：拋棄。篋（ㄑㄧㄝˋ）笥（ㄙˋ）：盛物的竹箱。

那精美絕倫的絲絹是齊地新產出的，質地好似皎潔的霜雪，用它來裁作一把合歡扇，像是夜空裡那圓圓的明月。團扇貼身陪在你身邊，隨你進出，輕輕搖動而微風徐徐。但它惶恐於秋天的到來，秋日的涼意代替夏日的灼熱，用不著的團扇就會被拋棄，往日陪伴的情意也將煙消雲散。

表面上寫的是團扇，實際上寫的是自己，既委婉，又淒涼。只可惜班婕妤生不逢時，沒能遇到一位如意郎君，否則就算不被喜歡，也應當受到尊重。而不是像此時一樣戰戰兢兢，害怕被那些爭奪聖寵的妃子陷害，只能尋求王太后的庇護，從此在太后身邊侍奉，才能獲得一席之地，想來也是令人嗟嘆。

數百年之後，唐朝的詩人李白，寫了一首詩表達了對班婕妤的憐惜之情，詩名同為《怨歌行》。

十五入漢宮，花顏笑春紅。
君王選玉色，侍寢金屏中。
薦枕嬌夕月，卷衣戀春風。
寧知趙飛燕，奪寵恨無窮。

沉憂能傷人，綠鬢成霜蓬。
一朝不得意，世事徒為空。
鷫鸘換美酒[20]，舞衣罷雕龍。
寒苦不忍言，為君奏絲桐。
腸斷弦亦絕，悲心夜忡忡。

豆蔻年華被選入皇宮，那時少女的笑靨比那春花還嬌豔美麗。君王挑選著美女，讓最合心意的少女在屏風後的內室侍寢。無邊的月色惹人遐想，帶著春意的微風拂過那氤氳的甜香，美妙得不可思議。

可是突然來了一個趙飛燕，奪走了君王的寵愛，令人心懷遺恨而深感無奈。被冷落的人兒，終日沉浸在憂傷中，額角鬢髮也漸漸變成霜白一片。春去不再來，人生不

20 鷫鸘（ㄙㄨˋㄕㄨㄤˇ）換美酒：司馬相如初與卓文君還成都，家裡十分貧困，曾用鷫鸘換美酒喝。鷫鸘，傳說中的神鳥。一說為「驌驦」，駿馬名。

如意，什麼都成為虛空。就將那鷫鸘換作美酒，讓那舞衣上繡的雕龍從此停歇。苦澀滋味難以言表，那就為君奏一曲聊以寄情，只可惜弦斷、腸斷，徒留一個又一個憂心忡忡的夜。詩中，也隱隱能看到李白鬱鬱不得志的身影，也算是借用班婕妤喻自己。

言歸正傳，成功打敗班婕妤後，趙飛燕就高枕無憂了嗎？並沒有。從劉驁的情史上來看，他並不是一個長情的人，說他見一個愛一個也不為過。從許皇后、班婕妤再到趙飛燕，或短或長，每個人都有過一段專寵的時光，但是新鮮期一旦過去，或者遇到更合心意的人，劉驁就會立刻把之前的柔情蜜意忘個精光。

如果要說專寵的時間，最長的還要數許皇后。她寵冠後宮時，為劉驁生下一子一女卻都早夭，但劉驁一心在她身上，對其他女人沒興趣。許皇后專寵到這個份兒上，讓王太后等人十分擔心皇帝的子嗣問題，一直勸劉驁要雨露均沾。那時國內出現了好幾次天災異象，一些大臣就怪罪許皇后，說這些都是她專寵造成的，由此可見當時的許皇后有多受劉驁寵愛。

只可惜後來許皇后漸漸色衰，老夫老妻也沒了新鮮感，她又十分善妒，劉驁很快就把她拋之腦後，移情別戀了。而在同時，劉驁還有一個老相好，他出現的具體時間不詳，但據說他是劉鶩愛的第一個人，是劉鶩念念不忘的「白月光」。

這個人叫張放，是個男人。說起來，張放還不是一般的身分，是個貴族少年。他母親是敬武公主，自己也有個富平侯的爵位，按照古代爵位等級來說，十分高貴。張放從小就長得極為好看，史料中說他「少年殊麗，性開敏」，劉鶩為他深深著迷，而他也對劉鶩癡心一片。

兩個人心意一通，就如同天雷勾動地火，迅速黏在了一起。說起來也很荒唐，劉鶩為了抬高張放的身分，給他賜了個婚，讓他迎娶了許皇后的侄女。張放表達感情的方式也與眾不同，他跟劉鶩去民間遊玩時，還興致勃勃地幫劉鶩物色美女[21]。

兩人感情最熱烈的那段時間，張放的風頭能壓過皇后，據說是「與上臥起，寵愛殊絕」。兩人這般如膠似漆，王太后身邊的人看不下去了，就合夥羅織了個罪名，把張放攆出了長安城。

21《漢書．張湯傳》：「放以公主子開敏得幸。放取皇后弟平恩侯許嘉女，上為放供張，賜甲第，充以乘輿服飾，號為天子取婦，皇后嫁女。大官私官並供其第，兩宮使者冠蓋不絕，賞賜以千萬數。放為侍中、中郎將，監平樂屯兵，置莫府，儀比將軍。與上臥起，寵愛殊絕，常從為微行出遊，北至甘泉，南至長楊、五莋，鬥雞走馬長安中，積數年。」

劉驁到底不能隻手遮天，他只能在離別那天，和張放抱頭痛哭，後來兩人只能互通書信，來訴說相思之情，劉驁為了彌補自己的愛人，經常找理由給他加官晉爵。當然，劉驁不是個長情的人，他既不會給遠方的張放柏拉圖式的愛情，也不會放棄周圍的一大片森林。「白月光」再怎麼好，偶爾夜深人靜，拿出來想念一下也就夠了。

我一直認為，趙飛燕就是因為看清了劉驁的本質，才沒有被君王的寵愛沖昏了頭腦，她自始至終都清醒理智。在她眼裡，昭儀只是一份工作，所以她費盡心力，打敗所有競爭者，穩固自己的地位。但同時，她又處於一種危險的境地，劉驁見一個愛一個，這份寵愛會遲早走到倦怠期。

趙飛燕勢單力孤，所擁有的一切都跟皇帝的寵愛息息相關。只要她一失寵，家人的榮耀能不能保住暫且不說，那些被她狠狠得罪過的人，譬如許皇后，肯定會來秋後算帳。所以，當有了一點點端倪出現，趙飛燕骨子裡的不安立刻敲響了警鐘，迫使她盡快止損。於是，她給自己找了個好幫手，妹妹趙合德。

為了引起劉驁的興趣，趙飛燕有意無意地提到，她的妹妹如花似玉。趙合德到底有多美呢？趙飛燕的一句話成功地讓劉驁心旌搖曳，她說跟妹妹一比，她都要自慚形穢。劉驁心癢癢了，下令讓趙合德進宮。這一見，劉驁就被趙合德迷得七葷八素，趙合德也就順理成章地成了後宮的一員。妹妹的名字，史書上沒有記載，趙合德這個名字出自《趙飛燕外傳》，但此書是野史小說，真實性不可考。這裡為了方便敘述，就以此稱呼。

有了新鮮的女人，劉驁立刻如打了雞血一樣，各種殷勤寵愛。他專門為趙合德建造了奢華的宮殿，柱子上全部刷上朱紅油漆，門檻用黃銅，臺階用雪白的玉來堆砌，牆上則是黃金打造的壁燈，整個宮殿處處都是藍田墨玉和翡翠珠寶，可謂是金碧輝煌[22]。（西漢時期，油漆是珍貴物品，朱紅更是尊貴顏色。黃銅也是稀有金屬，價值與黃金等同。）這風頭，一時間勝過了趙飛燕，但跟很多人想像中不同，沒有什麼姊妹爭寵的事情發生。

據說兩姊妹相親相愛，毫無間隙。趙合德就算在最驕橫跋扈的時期，對趙飛燕這

22《漢書．外戚傳》：「皇后既立，后寵少衰，而弟絕幸，為昭儀。居昭陽舍，其中庭彤朱，而殿上髹漆，切皆銅沓黃金塗，白玉階，壁帶往往為黃金釭，函藍田壁，明珠、翠羽飾之，自後宮未嘗有焉。姊弟顓寵十餘年，卒皆無子。」

個姊姊也敬重有加，還在劉驁面前幫姊姊說各種好話。而趙飛燕似乎也沒有嫉妒，畢竟趙合德越受寵，給她帶來的利益就越大。就這樣，她和妹妹把劉驁哄得身心舒暢，看都懶得看其他女人一眼。

姊妹倆地位穩固，想更進一步卻很難。許皇后是一座難以翻越的大山。許皇后出身名門，是漢元帝的小表妹，就算失寵，家世背景也非常威風。但有時候，真的有天降鴻運這回事，如果許皇后按捺得住，等趙飛燕姊妹年老色衰，被劉驁拋之腦後以後，還不是任由她搓圓捏扁嗎？但許皇后偏偏幹了一件蠢事。

鴻嘉三年，後宮裡有個妃子懷孕了，許皇后的姊姊平安剛侯夫人行巫蠱之術，詛咒這個妃子[23]。趙飛燕知道了這件事，立刻抓住機會，告發了許皇后。於是，東窗事發，王太后勃然大怒，立刻下令徹查，相關之人或被處死，或被貶走。許皇后也因此丟了皇后之位，一失足為千古恨。如果不是許皇后授意，平安剛侯夫人哪能知道哪個

23《漢書．外戚傳》：「久之，皇后寵亦益衰，而後宮多新愛。后姊平安剛侯夫人謁等為媚道祝詛後宮有身者王美人及鳳等，事發覺，太后大怒，下吏考問，謁等誅死，許後坐廢處昭台宮，親屬皆歸故郡山陽，後弟子平恩侯旦就國。凡立十四年而廢，在昭台歲餘，還徙長定宮。」

妃子懷孕了？如果不是許皇后授意，平安剛侯夫人敢擅自做這種大逆不道的事情嗎？

此時看來，真的萬分可惜。許皇后原本什麼都不用做，偏要畫蛇添足。前人血例歷歷在目，陳皇后陳阿嬌，就是因為無子又失寵，劍走偏鋒，用巫蠱邀寵，想讓劉徹對她死心塌地，事發後被廢除。孝武皇后衛子夫，也是被捲入了巫蠱之案裡，最後自殺身亡。

明知故犯，實在愚不可及。

這件事裡，班婕妤也差點被牽連進去。只不過，她從容不迫，用一番話說動了劉驁，所以最後她沒有被追究，還得到了賞賜。經過此事，班婕妤大概也意識到自己成了趙氏姊妹的眼中釘，當機立斷，請求去長信宮陪伴皇太后，至此慘澹退場[24]。此事過後沒多久，趙飛燕被立為皇后，趙合德為昭儀，姊妹倆成了這場宮心計裡最大的贏家。

24《漢書．外戚傳》：「鴻嘉三年，趙飛燕譖告許皇后、班婕妤挾媚道，祝詛後宮，詈及主上。許皇后坐廢。孝問班婕妤，婕妤對曰：『妾聞死生有命，富貴在天。』修正尚未蒙福，為邪欲以何望？使鬼神有知，不受不臣之訴；如其無知，訴之何益？故不為也。，上善其對，憐憫之，賜黃金百斤。」

拚盡全力扶太子上位，命運卻跟她開了個大玩笑

劉驁一生，沒有留下任何子嗣。不是劉驁沒有生育能力，而是劉驁的子嗣都意外夭折，後人大多把責任歸咎於趙飛燕。

歷史上有一個「燕啄皇孫」的典故，指的就是趙飛燕姊妹殘害皇家血脈的事情。趙飛燕和趙合德受專寵十餘年，皆沒有任何懷孕跡象。而這時，一個名叫曹偉能的宮女懷孕了，趙合德心生嫉妒，假傳聖旨，令人殺了曹偉能。後來許美人懷孕，生了一個兒子，趙合德知道後又跟劉驁哭鬧了起來。

劉驁也是昏聵到無以復加的地步了，為了哄她，讓人把這個兒子抱過來，親手掐死，趙合德這才破涕為笑，又重新跟劉驁恩恩愛愛起來。劉驁為女人沒原則到這種地步，也是很少見，但這不能冠名為愛，只是源自內心深處的冷血而已。

趙飛燕當了皇后後，逐漸失寵，不過失寵不等於失勢，趙合德還牢牢抓著劉驁的心神。只是趙合德一旦失寵，姊妹倆就徹底沒了倚靠。我們可以想像，趙飛燕骨子裡的不安再次拉響了警報，為了長久的富貴，她必須為自己和家人找一個更穩當的靠

山。這一次，她把眼光放得更長遠。

劉驁年過四旬，依然沒有子嗣，朝廷裡的官員們不得不多考慮，希望劉驁能立一位太子。漢朝宗室的成員不少，能否站好隊，對前途至關重要，權貴們心思都活絡了起來。最熱門的人選，莫過於劉驁的兄弟，中山王劉興。

劉興得到了大臣們的竭力推薦，趙飛燕卻沒有選擇他做政治投資。趙飛燕和趙合德作為劉驁身邊最紅的人，消息應該比其他人靈通，劉驁對誰滿意或不滿，就算不直接表達，大概平日裡的語氣神態中也能夠透露一二。對於這個兄弟，劉驁完全看不上他的才幹，更覺得讓兄弟當太子有點奇怪。

走進趙飛燕視線的，是劉驁的侄子，定陶王劉欣。劉欣做了一件很拉好感的事，他來到長安城的第一件事，就是給趙飛燕姊妹獻上了一份厚禮，希望能得到她們的支持。他的祖母傅太后，全力給孫兒打輔助，經常跟趙飛燕姊妹送禮物拉關係。趙飛燕不懂政治，選擇卻很容易做。相較於一個不把她放在眼裡的劉興，劉欣誠意十足。

雙方一拍即合。一番激烈的競爭後，劉欣贏得了勝利，成為太子。

按道理說，劉驁身體沒什麼大毛病，劉欣成為太子後，就應該按部就班接觸朝政之事，慢慢培養自己的勢力，到了權力交接的時候才穩當。只可惜，世事無常，突如其來的意外打亂了原有的軌跡。而受到影響的不單單是劉欣，這件事所醞釀的風暴，將會給趙飛燕帶來致命一擊。就在劉欣成為太子的第二年，某一天清晨，劉驁從床榻上醒來，剛要起床穿衣，突然就身體僵直，口不能言，倒在床上無法動彈。跟他在一起的趙合德見此情形，被嚇得六神無主，然而沒等太醫趕來，劉驁就已經中風死去。

劉驁早就被酒色掏空了身體，他的死並不讓人意外，前一天還好好的，只是在趙合德宮殿過了一夜，就突然死亡，到底帶上了一些桃色。後人都調侃劉驁是「牡丹花下死，做鬼也風流」，劉驁雙眼一閉沒了煩惱，牡丹卻被他害得不輕。後來大家傳來傳去，都在議論小妖精黏人，吸乾了男人的精氣神，這種言辭對一個女人來說何其殘酷。大概預見了這些，趙合德有口說不清，羞於見人，很快就在寢宮內自殺身亡了。

只是，明明跟趙飛燕沒關係的事，痛失愛子的王太后卻在她身上重重地記了一筆賬。風暴來臨之前，總是格外平靜。

劉欣繼位後，因為感激趙飛燕出的大力氣，尊她為皇太后，又封了她弟弟為新城侯，封了她哥哥為成陽侯。趙氏家族一門兩侯，威風八面，看起來比之前還要顯赫，但是沒過幾個月，趙飛燕就被朝內的大臣給彈劾了。

大臣解光表示「趙昭儀傾亂聖朝，親滅繼嗣，家屬當伏天誅」，趙昭儀指的是趙合德，大臣認為她禍亂朝綱，又殺死了兩個皇嗣，而趙飛燕與家人作為她的家屬，也應該連坐。不管從奏章來看還是從事實來看，趙飛燕本人都沒有參與殺死皇嗣，反倒是劉驁脫不了干係。另一個大臣當時就提出了異議，為趙飛燕求情，還怒斥解光落井下石。

但有時候，過程和事實真的不重要，他們只需要達到給趙飛燕定罪這個結果就夠了。趙飛燕自得寵起就是許多人的眼中釘、肉中刺，劉驁的死法更讓她坐實了「禍水紅顏」「淫惑皇帝」的罪名。趙合德做的事情雖然跟趙飛燕無關，但追根溯源，趙合德跟她關係親密，又是因為她才進宮，這就是趙飛燕的原罪。就連班固也在《漢書》裡這樣評論道：「飛燕之妖，禍成厥妹。」這也直接造成，後世的人對她極其不佳的觀感，對她的放蕩深信不疑。

太皇太后王政君（此前的皇太后）痛失愛子，自然恨死了趙飛燕，對於她來說，如果沒有趙飛燕，趙合德就不會出現，那麼劉驁也不會以那麼恥辱的死法被載入史冊，淪為歷史笑柄。不僅她這麼認為，民間流傳的歌謠也能說明一切：「燕燕，尾涎涎，張公子，時相見。木門倉琅根，燕飛來，啄皇孫。皇孫死，燕啄矢。」童謠裡直接隱去了趙合德，把黑鍋扣在趙飛燕一人頭上，傳唱甚廣，後來還被班固載入正史，「燕啄皇孫」這個典故也就流傳至今，成為了後妃謀害皇嗣的代名詞。

虎視眈眈的大臣、王政君都需要一個交代，但劉欣的皇帝位是趙飛燕大力促成的，自家祖母太皇太后（此前的傅太后、傅昭儀）也跟趙飛燕關係匪淺，他不忍追究。但劉欣在朝廷還不能說一不二，為了表態，他只能下令把趙飛燕的兩個兄弟貶為庶人，流放到外地，這才保下了趙飛燕。

正所謂時來風送滕王閣，運去雷轟薦福碑。有時候不得不感慨，大廈將傾，不管做多少努力都無法把局面扳回來。劉欣是個懂感恩的人，趙飛燕為他出過力，他就最大限度地保住趙飛燕。如果他活得好好的，趙飛燕的榮華富貴未嘗不能延續，但短短幾年，年僅二十五歲的劉欣突然駕崩，這也昭示著趙飛燕最後的靠山，轟然傾塌。得到消息的那一刻，趙飛燕應該是絕望而凄涼的，她知道，想要她死的人太多了。

首先，趙飛燕是一個禍水形象，說是人人得而誅之也不為過。其次，她跟劉欣與太皇太后綁得太緊，這成了她最大的催命符。此前提到過，在漢元帝纏綿病榻之際，劉驁的太子之位差一點就丟了，而那時候，劉驁和王政君根本就見不到皇帝。守在漢元帝身邊的是傅昭儀和她的兒子。可以想像，如果不是沒有繼位的好人選，皇位怎麼都不可能落到傅昭儀的孫兒手裡。

劉欣上位後，就開始著手打壓王氏外戚，王政君在後宮幾乎無地自容。劉欣突然駕崩，又沒有子嗣繼承皇位，王氏外戚集團死灰復燃，立刻東山再起，穩穩把握住了朝政，一手遮天。王政君翻身成了贏家，以前就跟她水火不容的「傅昭儀」，就算死了，也被從墓裡挖出來洩憤，而她深惡痛絕的趙飛燕，唯有慘澹收場。

王政君的侄子王莽拿著詔書說「前皇太后與昭儀俱侍帷幄，姊弟專寵錮寢，執賊亂之謀，殘滅繼嗣以危宗廟，悖天犯祖，無為天下母之義。貶皇太后為孝成皇后，徙居北宮」，罪名依然是以前那套，說趙飛燕和趙合德受專寵，又殘害皇嗣，以這個德行根本不能作為天下典範，所以把趙飛燕從「皇太后」貶為了「孝成皇后」。

打壓還沒結束，一個月後，趙飛燕再次被貶，從皇后淪為庶人，被發配去看守劉驁的陵園，最後的尊嚴也無法保住。這一刻，趙飛燕或許認知到，自己不僅再也無法翻身，連苟且偷生都艱難，所以在被押送到陵園的當天，她結束了自己的一生，終年四十五歲[25]。

趙飛燕囂張跋扈，為了獨佔皇帝的寵愛，各種打壓宮中嬪妃，我承認她並不是傳統審美裡那種溫良恭儉讓的女人，可是，她應該也不是那種壞到骨子裡的人。比如說，她曾經有機會把班婕妤趕盡殺絕，但在班婕妤退讓之後，她立刻收手了。

如果要說趙飛燕殘害皇嗣，她和趙合德受專寵的十來年間，只有曹偉能、許美人這兩個例子，前者的慘例雖說是劉驁的疏忽，但試想，要是劉驁真的把皇嗣放在心上的話，在第一次出現這種事後就該及時阻止，後面也不會有許美人血例再現，偏偏，許美人的孩子還是被劉驁親手掐死的。

就算寵愛趙合德，劉驁也有無數辦法留下這個孩子，給趙合德或者她的家人金

25《漢書．外戚傳》：「後月餘，複下詔曰：『皇后自知罪惡深大，朝請希闊，失婦道，無共養之禮，而有虎狼之毒，宗室所怨，海內之仇也，而尚在小君之位，誠非皇天之心。夫小不忍亂大謀，恩之所不能已者義之所割也。今廢皇后為庶人，就其園。』是日自殺。立十六年而誅。」

錢、地位作為補償，偏偏他選擇了最殘忍的那種。劉驁如此昏頭冷血，難道不該負最大的責任嗎？

再來說許皇后，她跟劉驁在一起前後二十年，除了她早夭的一兒一女，後宮其他女人的肚子毫無動靜。後來許皇后失寵，昏頭之下，大張旗鼓地詛咒其他的懷孕嬪妃。這件事能從側面說明一些問題，趙飛燕也許不無辜，也許她也支持趙合德的行為，但殘害皇嗣不該她一人背鍋。

如果要說趙飛燕淫惑帝王、穢亂後宮，這個我絕對不承認。通讀史料，除了「獻美」，她哪一點穢亂了呢？又哪一點淫惑了呢？劉驁不光彩的死法，難道不是因為他被酒色掏空了身體嗎？只是因為趙合德前一晚跟他在一起，怎麼就成了趙合德的另類「謀殺」了呢？只是因為趙飛燕和趙合德的姊妹關係，怎麼趙飛燕也背負上了淫惑的罪名呢？

再來說獻美，暫不提平陽公主、陽阿公主的獻美舉動，宮廷音樂家李延年也給劉徹推薦了自己的妹妹。但因為李延年是男性，劉徹的歷史形象也夠好，從不會因為美人耽誤政事，所以直到現在，李夫人的存在都是一樁美談。追根溯源，也許還是因為劉驁的風評太差，連累了趙飛燕，如果換了劉徹，不管趙飛燕還是趙合德，想必只是養在深宮裡那安分富足的嬌花。

趙飛燕獻美，除了給自己找個好幫手，何嘗不是把財富地位帶給自家姊妹呢？如果把后妃看作一份工作的話，給妹妹謀福利有何不對？如果只是介紹物件的話，古代三妻四妾也比較正常，姊妹同嫁的情況有很多，更何況丈夫的皇帝身分帶來的應該也是光彩。

再來說武則天時期，武則天有一個男寵叫張昌宗，他把武則天迷得神魂顛倒後，又給她推薦了自己的哥哥張易之，兄弟兩人共侍一婦。可見，只要有足夠的好處，男人也會乾脆俐落地折腰。

娥皇、女英共侍一夫，從來都是千古佳話。但到了趙飛燕這裡，卻總被人們指責唾棄，說到底，她和趙合德的形象，被那個荒淫無道的皇帝給拖累了不少。至於班固在史書上的那句評論「飛燕之妖，禍成厥妹」，其中有多少世俗眼光、多少私人情緒不得而知，只是從班固和班婕妤的親戚關係上來說，他或許是為自家祖姑打抱不平，也算情有可原。

在我看來，趙飛燕只是運氣不好，她自小被拋棄，活得十分不安。為了過上穩定富足的生活，她步步為營，並一次次做出了自己的選擇——先是入公主府學舞；成功得到皇帝青睞；為了固寵讓趙合德進宮；為了前途穩固，找了一個可靠聯盟……嚴苛的封建禮教之下，她一個女人難以在別的地方施展抱負。作為一個宮妃，她在合理範圍內拚盡了最大的力氣。然而，命運卻跟她開了個大玩笑。

人生這一場豪賭，她贏過，不曾輸。她努力過好自己的生活，然而捲入旋渦裡的人，身不由己，最後那一場皇權傾軋，其實和她並沒有直接的關聯。輸的應該是劉欣，甚至是西漢皇室，說到底，趙飛燕只是一個不起眼的犧牲品，因為美貌才有些名氣。

寫到這裡，我突然想起了蘇軾的《西江月》，此時讀來隻覺得格外應景——

世事一場大夢，人生幾度秋涼？夜來風葉已鳴廊[26]，看取眉頭鬢上。

酒賤常愁客少，月明多被雲妨。中秋誰與共孤光，把盞淒然北望。

26 風葉：風吹樹葉所發出的聲音。鳴廊：在回廊上發出聲響。《淮南子・說山訓》：「見一葉落而知歲之將暮。」徐寅《人生幾何賦》：「落葉辭柯，人生幾何。」此由「風葉鳴廊聯想到人生之短暫。

這世上所有的事，仿佛虛無縹緲的大夢一場，一個人的一生中到底會經歷多少次秋涼呢？夜晚的風拂來，枝葉的沙沙聲響在回廊，我的眉間鬢髮，透出了幾分滄桑。劣質的酒向來沒什麼人喝，然而明亮的月也總是被雲層遮擋。中秋的夜，誰能與我共賞那片皎潔的月光呢？我只能拿著酒杯，淒涼地望向遠方。

人的一生短暫如白駒過隙，卻波折不斷，在這炎涼世態中，又有幾個人能真正得意呢？

楊玉環

所謂紅顏禍水，不過是為亂世背的一口黑鍋

天生麗質難自棄，盛世美顏走花路。
舞蹈琵琶她都會，天生就是「公主命」。
皇帝昏庸干她啥事？紅顏禍水只是藉口。

姊姊小檔案

楊玉環（719 年～ 756 年），號太真，唐玄宗的寵妃、宮廷音樂家、舞蹈家，是中國古代四大美女之一。

提起這個名字，想必很多人都要嘆息一聲。

她完全就是天妒紅顏的代表人物。她相貌絕美，不僅佔據了中國歷史上大名鼎鼎的一代雄主的所有目光，自身還有一技之長，在音樂、舞蹈領域都有著極高的造詣，是當時的宮廷音樂家、舞蹈家，甚至在很大程度上推動了當時藝術的發展。愛情、事業，楊玉環都得到了，這樣的人，不管放在古代還是現在，都是讓人羨慕、嫉妒的人生贏家。

只可惜，楊玉環並沒有贏到最後，一朝從雲端跌落泥裡。「安史之亂」爆發，她一夕之間失去了這一切，香消玉殞在馬嵬驛的山坡上。那些陷於水深火熱裡的人，但凡提起她的名字，大概都要罵上一句——楊玉環這個禍國殃民的妖姬，如果不是她的話，我們英明神武的皇帝，怎麼可能會犯錯呢？如果不是她的話，我們安定富足的社會，怎麼會變得滿目瘡痍呢？如果不是她的話，我們大唐的盛世繁華，又怎麼會一去不復返呢？

時過境遷，現在的人再提起這段歷史，剩下的只有對楊玉環和李隆基愛情悲劇的唏噓，想來就算放進小說裡，兩人的「人設」也能吸粉無數。試想，美人如玉，君王不僅願意罔顧倫理，無視後宮三千隻寵愛她一個人，為了她連千辛萬苦得到的皇位都不在意……就算結局遺憾一些，總的來說也很夢幻唯美。

著名詩人白居易的《長恨歌》，用浪漫主義的手法描繪了兩人蕩氣迴腸的愛情，「在天願作比翼鳥，在地願為連理枝。天長地久有時盡，此恨綿綿無絕期」，將那種遺恨千古的惆悵淋漓盡致地展現在我們眼前。只是，李隆基真的有那麼愛楊玉環嗎？

少女情懷總是詩，她的得寵卻源自荒唐

眾所周知，楊玉環一開始是唐玄宗李隆基的兒媳婦，後來因為李隆基喜歡她，直接橫刀奪愛，兒子李瑁只能拱手相讓。兩人的關係，說起來也荒唐，這一點估計李隆基也很清楚，所以他沒有明搶，小心翼翼地給這件事蓋了一層遮羞布。

他先找了一個正當理由，讓楊玉環為竇太后祈福。祈福嘛，就要虔誠，為了虔誠，楊玉環奉旨出家當了道姑，還有個正經八百的道號，叫作「太真」。既然出家了，後面的事情順理成章，楊玉環和李瑁的夫妻關係正式宣告結束。這只是第一步，

還不夠，李隆基對兒子依然心有愧疚，很快進行了第二個安排，重新給李瑁挑選了一個王妃。這樣一來，好像楊玉環曾經當過李瑁王妃的事情就不復存在了。做完這些，李隆基才心安理得把楊玉環接回宮中，封作貴妃。當然，李隆基不是隨便給李瑁塞了個女人，新王妃很有來頭，她出身京兆韋氏，是北周大司空韋孝寬的後裔，這個家族自南北朝時期開始，就是關中的第一大家族。

要說這個家族的話，我可以滔滔不絕說很久，就只拿唐朝時期來舉例，韋氏家族就出了十八個宰相、一個貴妃和一個皇后，顯而易見，韋氏家族有足夠的底蘊和累積，單就家世背景而言，新王妃絕不會輸給楊玉環。

但面子工程做得再好，李瑁頭頂都「綠油油」了，不知道被多少人看笑話。我時常覺得李瑁可憐，人們在為男女主角轟轟烈烈的愛情感動不已時，很少有人會想起他。自古以來都是贏家說了算，以李隆基的地位和權勢來說，李瑁就算再不甘願，恐怕面上都要一派孝順地獻上自己的老婆。

如果換作其他的兒子，說不定還會跟老爸發發脾氣，但李瑁不敢這麼做，他根本沒有任性的權利。李瑁的背後沒有任何倚仗，他的母親死之前，還構陷害死了三位皇子。俗話說，忍得一時之氣，免得百日之憂，李瑁的處境如此尷尬，明哲保身也不失為一種智慧。不過李瑁的第二段婚姻應該還不錯，新王妃給他生了五個兒子、三個女兒，生活沒什麼大的波折，李瑁最後壽終正寢，或許也算是命運給他的一點補償。

從現代的價值觀來看，兒媳婦跟公公的愛情，顯然有違倫理道德，會受到世人的抨擊和鄙夷。劇作家們都很清楚這一點，所以在螢幕上呈現的影視劇裡，總會淡化兩個人的身分，轉而去刻畫他們之間的真愛，好像冠以真愛的名義後，所有的不合理就不復存在，好像有了愛美人不愛江山的設定，政治上的昏聵也值得體諒。

當然，李隆基一生的時光中，絕大部分都是英明睿智的。他兢兢業業地履行著君王的職責，如果要形容這個時期的他，雄才偉略、運籌帷幄、威震四海……再多的褒義詞都不為過。大唐在他的治理下，一躍成為古代歷史上的黃金時代，這段最繁榮昌盛的時間段，也叫作「開元盛世」。

如果到網上做個調查，大家最想穿越去哪個朝代，唐朝必然高居榜首，開元盛世首當其衝。

首先，唐朝的風氣開放，對女性比較寬容友好，這個時期出現了許多女權代表人物，比如武則天、太平公主、上官婉兒等人。再者，開元盛世格外浪漫，文壇絢爛多姿，一個個名垂千古的文人騷客呈井噴式出現，李白、杜甫、白居易等，這在其他時代都是沒有的。

開元盛世強大，社會各方面都發展到了極高的水準，政治、經濟、文化、軍事空前強盛，就算放到全世界橫向比較，也能獨佔鰲頭。海外各國人才慕名而來，紛紛學習起唐朝先進的文化技術，長安城更是成為當時的世界交流樞紐，連帶對海外都產生了巨大影響。所以海外諸國把「唐」視為中國的代稱，把中國人稱為「唐人」，海外華人的聚集地被叫作「大唐街」。

納蘭性德的《淥水亭雜識》有記錄：「日本，唐時始有人往彼，而居留者謂之『大唐街』，今且長十里矣。」後來，「大唐街」才慢慢衍變成我們比較熟悉的「唐人街」。

關於開元盛世，詩聖杜甫曾在《憶昔二首》中，描寫過這樣的景象：

憶昔開元全盛日，小邑猶藏萬家室。

稻米流脂粟米白，公私倉廩俱豐實。

九州道路無豺虎，遠行不勞吉日出。
齊紈魯縞車班班，男耕女桑不相失。
宮中聖人奏雲門，天下朋友皆膠漆。
百餘年間未災變，叔孫禮樂蕭何律。

這段意思很好理解：回憶起繁華的開元盛世，那時農業豐收，倉庫裡糧食堆積如山。社會安定，沒有盜賊肆虐，人們隨時都能出門也不用擔心安全問題。手工業和商業十分發達，大家各司其職，關係融洽。一直到開元年末，都沒有什麼大災禍，政治清明，河清海晏。

由此可見開元盛世的富足繁榮，這些斐然功績在歷史上絕無僅有，李隆基作為開元盛世的締造者，成了一個至高無上的神話。所以李瑁被搶走媳婦，不敢怒也不敢言。試想，一個帝國的掌控者不僅為你傾倒，還甘願為你冒天下之大不韙，你是否也會產生一種不真實感？而這個時候的楊玉環才多大呢？十八歲，放到現在才剛剛成年，只是個不諳世事的小姑娘而已。

開元二十五年（西元七三七年），李隆基最寵愛的妃子武惠妃逝世，他鬱鬱寡歡已久，儘管後宮三千卻沒有一個可心的人。這時候有人向他推薦了楊玉環，表示楊玉環容貌絕美，各方面都非常不錯，可以納入後宮。於是，李隆基把楊玉環召進宮來見了面，這一面兩人談了些什麼，無從得知。三年後，李隆基以祈福的名義，讓楊玉環出家當道姑了，又過了數年，楊玉環才被正式接到皇宮裡，封為貴妃。

少女情懷總是詩，被人喜歡是一件多麼令人喜悅的事情？更何況，李隆基還是這麼強大的一個男人，他的身分地位都非常具有迷惑性。不過話說回來，李隆基願意多等這些年，或許也可以從側面說明他對楊玉環的上心程度。幾年等待，緩衝了兩人身分上的尷尬，這是李隆基的用意之一，但不是主要原因。李隆基大權在握，根本用不著掩耳盜鈴。

不提歷史上那些出格的皇室事蹟，只拿大唐的開放風氣來說，前有唐高宗李治，娶了老爸的女人武則天，還讓她當了皇后；後來又有太平公主豢養男寵，而且她享受男色的同時，還送了個「小鮮肉」給武則天當男寵，儘管這個時候武則天已經七十歲高齡。野史中甚至指出，這個「小鮮肉」是太平公主和武則天母女共用，不過真實性並不確定。按照男權社會的思維來說，女人都這麼出格，李隆基作為一個男人，搶個兒媳婦似乎也不是什麼大事。所以我不覺得楊玉環的身分是什麼障礙，或許楊玉環也覺得李隆基的等待真是因為上心。大概也正因如此，後來楊玉環才會陷得那麼深，一頭紮了進去，而世人對李隆基的深情也深信不疑。

琴瑟和鳴，三千寵愛也不光是因為美貌

李隆基為什麼喜歡楊玉環？很多人第一反應是楊玉環貌美，好像只要有美貌，什麼都唾手可得。當然，這是楊玉環得寵的原因之一，如果瞭解李隆基的生平，你就能清楚地知道，楊玉環出現的時機太恰當了。

縱觀李隆基的一生，完全可以是披荊斬棘的「草根逆襲」典範，不過，這個「草根」不是說他身分低，而是說他的處境。從表面來看，李隆基天潢貴胄，無比尊貴，他的祖父是唐高宗，祖母是武則天，父親是皇帝，母親竇妃雖然不是正妻，但家族地位顯赫，是著名的關隴大族。但實際上，李隆基的風光就只是表面風光而已。

李隆基自小生活在夾縫中，什麼錦衣玉食、養尊處優都跟他無關，皇孫這種尊貴名頭聽聽也罷，小命保住就不錯了。他父親李旦當皇帝的時候，只是個空架子傀儡，掌權的還是武則天。後來武則天覺得時機成熟，自己可以當皇帝了，李旦就乖乖讓了位，從皇帝又重新做回了皇嗣，而李隆基自然也從王爺變成了郡王，而且為了表示忠心，李旦還請求武則天賜他姓武，這情形在歷史上聞所未聞，由此可見李氏父子處境之惡劣。

這個時期，李旦的狀態可以用一個詞語來形容——四面楚歌。他下臺後就被武則天幽禁在宮裡，不僅勢單力孤，還要時刻面臨競爭對手的坑害，後來有一次李旦被構陷想謀反，如果不是有相關的人剖腹證明他的清白，李旦全家性命都要被斷送進去。

再來說李隆基的母親，此前提到過，竇妃的家族勢力不錯，只是這個家族勢力非但沒給她帶來什麼助益，還讓她惹上了殺身之禍。武則天的皇位，畢竟是從兒子手裡搶過去的，所以她時不時就要猜忌一下，李旦真的心甘情願嗎？背地裡有沒有搞什麼小動作？武則天一琢磨，就注意到了竇妃的家族勢力。

這時候，剛好有一件事情湊了上來：宮女韋團兒跟武則天告密說，李旦的兩個妃子（竇妃和劉妃）在宮裡行厭勝之術，詛咒武則天。武則天震怒，把兩個人在宮裡秘密處死，最後屍身埋在哪裡都沒人知道。這件事想想都不可能，那日兩妃進宮是為了給武則天拜年，就算要詛咒也要回家偷偷詛咒吧，怎麼還湊到跟前去了呢？這事擺明瞭是陷害，武則天不至於看不出這一點，但她默認了，就是為了敲山震虎，順便試探一下李旦。

兩個妃子離奇失蹤，李旦非但一聲不敢吱，還在武則天面前安然若素，好似沒這回事一樣。李旦自己尚且如此，當然不會讓兒子出什麼紕漏，所以連帶七歲的李隆基，就算親媽遇害，連悲傷的情緒都沒流露一丁點兒。

這事過後沒多久，竇妃的媽媽，也就是李隆基的外婆又被舉報了。同樣的招數，舉報人聲稱她在家裡詛咒武則天，然後竇家全家都被貶走，這麼一來，李隆基失去了僅剩的倚靠。大概就因為這些經歷，李隆基小小年紀就很能藏住事，還養成了深沉心機、喜怒不形於色的性格。

只能說在這個時期，當一個風聲鶴唳的李唐皇室，不如做個平民來得安穩舒心。

好在，後面有苦盡甘來的時候，饒是起點艱難淒涼，一路血雨腥風，李隆基依然憑著堅韌的心智和敏銳的政治洞察力，排除萬難，成功逆襲。

不過李隆基登基的前些年依然艱難，沒有辦法鬆懈，因為一旁還有權傾朝野的太平公主虎視眈眈，稍不注意就會被拉下臺。朝廷局勢對李隆基有多不友好呢？七個宰相，五個都是太平公主的黨羽，李隆基想做什麼事情都束手束腳，頭頂上還有太上皇李旦的掣肘。

千辛萬苦剷除了太平公主後，李隆基仍舊不能鬆懈，因為從武則天後期起，國內就動盪不安，內憂外患。李隆基立志當個明主，一心好好治理國家，一系列措施馬不停蹄地頒佈下去，立法度、發展文化經濟、開拓疆土……就這麼兢兢業業了二十多年，李隆基才挺直了腰板，帶著隊伍浩浩蕩蕩地前往泰山封禪，驕傲地把他取得的成就向列祖列宗打了個報告。

歷史記載中，早在李隆基之前去泰山封禪的都有誰呢？秦始皇、漢武帝、漢光武帝、唐高宗，各個威名赫赫，李隆基的名字能和這幾個並列，底氣十足，所以這之後他就心安理得地開始享受勝利的果實。

這個時候，楊玉環出現了。再早一點，李隆基無心情愛，治理江山都忙不過來。

再晚一點，李隆基精力不濟，盛世走向衰敗，國土動盪。所以我才說，楊玉環出現的時機剛剛好。

再來說楊玉環，她的「人設」完全就是李隆基的夢中情人。

首先，她美。眾所周知，楊玉環是中國古代「四大美人」之一，一顰一笑，盡態極妍，否則不會讓李瑁一見傾心，也不會讓李隆基無視倫常道德。有一個常用來形容美人的詞語：閉月羞花，「羞花」典故的來源就是楊玉環。

據說，有一次楊玉環和宮女去賞花，無意間觸碰了含羞草，那羽毛狀的葉子很快蜷縮起來，呈下垂狀。宮女們就說，這是因為楊玉環的美貌讓花草自慚形穢，羞窘得抬不起頭來。事實上，含羞草蜷縮葉子只是植物特性，但這個逸聞軼事也能從側面說明楊玉環的美貌。除此之外，詩仙李白也寫了詩來歌頌她。

天寶元年，李白通過舉薦來到了金鑾殿，李隆基欣賞他的才華，就把他封為了翰林。李白的主要工作內容呢，就是給皇帝寫詩娛樂，所以李隆基每次大擺宴席，或者去遊玩時，都會捎帶上李白，讓他寫詩助興，把當時的盛景以詩詞歌賦記錄下來，流傳後世。

牡丹花季到了，李隆基和楊玉環到御花園觀賞，喚來伎樂們歌舞助興。李隆基轉念一想，覺得那些「舊詞」配不上楊玉環，就把李白宣召了過來，讓他寫幾首新的詩。李白乃是天縱之才，稍一思索，《清平調》組詩就火熱出爐了。

其一：

雲想衣裳花想容，春風拂檻露華濃。

若非群玉山頭見，會向瑤台月下逢。

貴妃的衣裳似那天邊的雲彩，貴妃的容顏似那嬌嫩的花，嬌豔得就如春風吹拂過的欄杆旁那帶著晨露的牡丹，美得攝人心魄。如此美人只能在仙境裡才能遇到吧？如果不是仙山上的仙女，就是月下瑤台的神仙。

這首詩大家耳熟能詳，一句「雲想衣裳花想容」朗朗上口，優美又有意境。而且詩中的「想」字有兩種理解，第一種是直接的比喻，第二種可以理解為看到雲就想到貴妃的衣裳，看到花就想到了貴妃的容顏。七個字交相輝映，看似簡潔卻又給人繁華錦繡之感，讓人不得不感嘆李白的功力。

其二：

一枝紅豔露凝香，雲雨巫山枉斷腸。

借問漢宮誰得似，可憐飛燕倚新妝。

貴妃的美好似一枝嬌豔欲滴的牡丹，她天生絕色，巫山神女也相形見絀，只能感嘆一句楚王枉斷了愁腸。就連漢朝皇宮裡以美豔著稱的趙飛燕，大概也只有倚靠華麗的宮裝和妝容，才能跟她相提並論吧。

「雲雨巫山」源自一個神話故事，據說有一日楚王小憩時，夢見了巫山神女，楚王對她一見鍾情，夢醒後還念念不忘。試想，那個夢中神女究竟有多美麗，才會讓楚王思念她到斷腸呢？再有，趙飛燕是歷史上有名的美人，詩中用了這兩個例子借古喻今，直接抬高了楊玉環的地位，在第一首詩的基礎上，把她的美推進了一個層次。

其三：

名花傾國兩相歡，長得君王帶笑看。

解釋春風無限恨，沈香亭北倚闌干。

名氣斐然的花卉和傾國傾城的美人相與為歡，尊貴的君王面帶微笑沉醉其中，怎麼看都看不夠。他倚靠在那沉香亭欄杆上，無限的愁緒都隨著那春風煙消雲散。

三首詩交相輝映，第一首描繪了楊玉環的美麗，第二首寫她得到的寵愛，第三首返回現實，這才寫到兩人在沉香亭賞花。人景交融，虛虛實實，讀起來只覺得那如花似玉的美人來到了眼前，卻又隔了層迷霧一般，讓人看不真切。這種描寫手法，讓人陷入無邊聯想，比直言描寫更為巧妙。

美麗的皮囊所有人都喜歡，強大的視覺衝擊力可以讓人怦然心動，這就是一見鍾情。但「所謂一見鍾情其實就是見色起意」的說法也廣為流傳，潛臺詞就是這種感情太膚淺，只建立在想像的基礎上，所以有很多翻車例子。

如果只有美麗的皮囊，未免食之無味，愛情保質期堪憂。因為美麗的皮囊會老去，也會看膩。俄國的一位哲學家別林斯基曾經說過一句話，我非常認同：愛情需要合理的內容，正如熊熊烈火要油來維持一樣。

李隆基和楊玉環之間也有合理的內容，就是他們的共同愛好：藝術。

說起來，李隆基是個全能型人才，完全沒有偏科，樣樣精通。寫詩，他的詩能入選《唐詩三百首》，成為裡面唯一的帝王詩歌；文化，他親自給《金剛經》《老子》《孝經》寫了注釋；音樂，他會作曲也會玩樂器，琵琶、二胡、笛子、羯鼓什麼的都不在話下，剛好楊玉環也擅長琵琶，兩個人的共同語言絕對不會少。

為了搞藝術，李隆基甚至創辦了一個「藝術培訓學校」，名為「梨園」，從民間挑選幾百個潛力股，對他們進行樂器演奏和歌舞表演的培訓。他還親身上陣，兼職了梨園的校長和老師，一有空就去溜達，給學生們講課，所以這幾百個人又號稱「皇帝梨園子弟」[27]。當然，李隆基胸有溝壑，並不是胡亂指點，他的音樂修養高到什麼程度呢？合奏時，哪怕誰的一個音節出了錯，他都能立刻聽出來並糾正。

值得一提的是，李隆基此舉，無意間推動了唐朝的音樂發展，所以現在戲班劇團的別稱還叫「梨園」，戲曲演員為「梨園弟子」，而李隆基也被尊稱為「梨園鼻祖」，早前戲曲演員開始表演時，還要先給他上香呢。

再來說楊玉環，她出身自古代赫赫有名的名門望族——弘農楊氏，這個家族出了

27《新唐書．禮樂志》記載：「玄宗既知音律，又酷愛法曲，選坐部伎子弟三百，教於梨園。聲有誤者，帝必覺而正之，號皇帝梨園弟子。」

很多有名的人物，譬如東漢文學家楊修、隋朝的開國皇帝楊堅，到了唐代，還有唐太宗的楊妃、武則天的母親等。所以，楊玉環雖說幼年失怙，被寄養在官職低微的叔父家裡，但大家族的底蘊還在。

這樣的環境下，楊玉環被培養成了標準的大家閨秀，有著極高的文化藝術修養。說真的能進後宮的女人，誰沒有一技之長來討得帝王歡心呢？這樣一看好像楊玉環的才能也不稀奇，但是史料記載中明確點出，楊玉環的音樂才華在歷代後妃裡都是少有的，所以在這方面，她跟李隆基都是高級玩家，不單單能交流，還能深入交流。

舉個例子來說，唐朝大型樂曲中的法曲經典《霓裳羽衣曲》就是李隆基的手筆，它以龐大多變的音律織體，恢宏華麗的編舞，在中國音樂舞蹈史上佔據重要地位。這首曲子是李隆基根據印度傳來的《婆羅門曲》進行的改編再創作，加入了傳統的中國風元素，讓它既符合漢人審美又帶點異域風情。李隆基作曲後，楊玉環立刻給曲子編了舞，即是《霓裳羽衣舞》，兩人配合得天衣無縫。

《霓裳羽衣舞》一出世就驚豔了眾人，迅速風靡了全國。它究竟有多麼好呢？著名詩人白居易看過之後，提起筆洋洋灑灑就寫了一篇七古長篇詩《霓裳羽衣舞歌》，詳細描繪了霓裳羽衣曲的舞蹈、服飾、樂器，還有場面表現，並給了一個極高的評價：「千歌萬舞不可數，就中最愛霓裳舞。」

李隆基和楊玉環的默契、合拍，在《霓裳羽衣舞》裡體現得淋漓盡致，這個作品也被視為兩個人愛情的象徵。

自古以來，以色事人都落下乘，如果真以為楊玉環是個花瓶，那就大錯特錯。她不僅扮演著情人的角色，還是李隆基的紅顏知己，這也是她深深吸引李隆基的第二個原因，給她萬千寵愛太正常不過。只可惜，這份寵愛在盛世是良緣佳話，在亂世就成了一種罪孽。

整個國家的衰敗，竟是一個女人的罪惡？

萬千寵愛，具體有多寵呢？楊玉環雖然沒能當上皇后，但進宮後，她的規格待遇都跟皇后的一模一樣，也是公認的後宮之主。李隆基不僅很寵楊玉環，還愛屋及烏，給了楊氏家族許多優待。楊玉環的兄弟們高官厚祿，三個姊姊都被封為了一等國夫人。按照規矩，誥命夫人從一到九等，一般跟丈夫的官職息息相關，楊玉環三個姊姊的丈夫都只是寂寂無聞之人，她們卻破例得封。

光是這些，還只是「雞犬升天」的冰山一角，楊氏一族娶回去兩位公主、兩位郡主，李隆基為楊氏家廟親撰碑文，可謂威風八面。李隆基御駕出行時還讓楊家為扈從，五房親眷們分別穿不同色的衣服跟在浩浩蕩蕩的隊伍裡，路過的地方還有金銀首飾掉落，場面奢華壯麗，排場十足。

一時間楊家風頭無二，皇族都要避其鋒芒。百姓們心裡那個羨慕啊，當時還流傳出了一些歌謠來，比如「生女勿悲酸，生男勿喜歡」「男不封侯女作妃，看女卻為門上楣」，百姓們深深覺得生男兒還不如生一個像楊玉環這樣的女兒，才能光宗耀祖。

李隆基十分嬌寵楊玉環，不難想像，他成功讓這個年輕姑娘沉溺在了這場美夢之中。李隆基多麼強大啊，儘管此時他已經不再年輕，但他的權勢地位帶給她的一切，都讓她彷彿踩在輕飄飄的雲端上。

楊玉環順理成章地把李隆基看作自己的愛人，甚至開始恃寵而驕。對皇帝和對愛人的態度定然不同，沒那麼畢恭畢敬，而且楊玉環也有自己的小脾氣。根據史料記載，她因為悍妒惹惱了李隆基，兩次被趕回家。說實在的，后妃惹怒皇帝，要麼被冷待，要麼被打入冷宮，像這樣被趕回家的，倒有些像小倆口吵架。最後也確實如此，楊玉環走了沒幾天，李隆基就茶不思飯不想，有人給了個臺階，楊貴妃服了軟，他就派人把她接回了宮裡。或許，兩個人還因為這樣的小吵小鬧，感情更深了。

唐朝的文學家杜牧，曾經以一個楊玉環被嬌寵的小例子為題材，寫了組詩《過華清宮絕句三首》，下面是其中一首：

長安回望繡成堆，山頂千門次第開。
一騎紅塵妃子笑，無人知是荔枝來[28]。

在長安城回望驪山，那裡種滿了花卉草木，一眼望去鬱鬱蔥蔥。前往華清宮的路上，重重宮門一扇扇打開，看到那騎馬踏著滾滾煙塵而來的人，妃子開心地笑了，沒有人知道那是從千里之外送來的荔枝。

28《新唐書．列傳》：「妃嗜荔枝，必欲生致之，乃置騎傳送，走數千里，味未變，已至京師。」

楊玉環酷愛吃荔枝，為了讓她吃到最新鮮的荔枝，李隆基命人馬不停蹄地橫跨大半個國家送來，路上累死數匹馬都不足惜。這首詩表面寫的是楊玉環驕奢肆意的生活，實際上也在反諷李隆基的荒唐，為了哄她開心竟如此勞民傷財。看到匆匆的馬匹，還以為有什麼緊急軍情要稟告，結果只是送水果而已。

「妃子笑」三個字一語雙關。想必大家都很熟悉烽火戲諸侯的故事：東周時期，周幽王為了逗寵妃褒姒一笑，故意點燃示警的烽火，各地諸侯看到烽火，以為周幽王有難，立刻起兵前來救駕，誰知道竟然只是一個玩笑。而褒姒見諸侯們白跑一趟，覺得很好玩，被逗得發笑。只要瞭解這個故事，再回過頭看「妃子笑」三個字，就能讀出詩裡滿滿的嘲諷之意。

其二：

新豐綠樹起黃埃，數騎漁陽探使回[29]。

霓裳一曲千峰上，舞破中原始下來。

29《全唐詩》此句下注：「帝使中使輔璆琳探祿山反否，璆琳受祿山金，言祿山不反。」

鬱鬱蔥蔥的樹木環繞著新豐，塵埃在馬蹄下飛起，原來是前往漁陽的探使回來了。使者謊報軍情，以致李隆基和楊玉環放心地沉醉歌舞，一直到安祿山起兵造反，中原就此殘破，再不復往日繁榮。

天寶年間，李隆基逐漸不問國事，把朝廷要事交給了宰相楊國忠。要是這個楊國忠是個值得託付、敬業的人也就罷了，偏生他不是什麼靠譜的人，上位靠的只是鑽營和巴結，對民生漠不關心，唯利是圖。放任這樣的毒瘤獨攬大權，整個朝廷都被弄得烏煙瘴氣。

先前提過，李隆基獲得輝煌成就後，就心安理得地開始享受，也許因為大半輩子都處於戰戰兢兢的狀態，他一鬆懈下來整個人就頹了，再也沒有重整旗鼓過。隨著李隆基日漸衰老，他的精力和判斷力都在下降，並且他好大喜功，聽不進諫言，只有楊國忠這樣報喜不報憂的諂媚之臣才能在他身邊如魚得水。朝內良臣越來越少，整個國家一點點被蛀蟲侵蝕，只留下一個華麗的空殼子。

這個時期，李隆基年過六旬，換到現在也應該享受天倫，舒舒服服地過退休生活了。我一直在想，要是李隆基早點把皇位傳給太子，至少「安史之亂」不會讓唐朝元氣大傷，可惜皇帝這個職業從來都是終身制，只能下崗不能退休，而掌握過權力的人也不願意放權。

「安史之亂」很快就爆發了，來得突然又彷彿命中註定。反軍頭目安祿山的野心不是沒人察覺，大臣們急得像熱鍋上的螞蟻，就連楊國忠都坐不住了，屢屢找碴希望李隆基修理安祿山。誰知道，李隆基卻躊躇起來，怕冤枉了安祿山，畢竟安祿山守邊關還是一把好手。於是，李隆基考慮了一番，派了個使臣過去看情況，誰知道這個使臣貪錢，被安祿山賄賂了，回來就拍著胸脯表示安祿山忠君愛國，絕無二心。

這也是詩裡「探使回」指代的事情。李隆基聽到使臣這麼說就放心了，繼續享樂，直到楊國忠再一次挑釁後，安祿山撕破虛偽面紗，率領大軍直逼長安城，李隆基的盛世美夢才徹底破裂。

詩裡用「霓裳一曲」來借指李隆基醉生夢死、耽誤朝政的生活，後面再用一個「舞破中原」來借指安祿山起兵造反，歌舞當然不會「破中原」，但君王驕奢淫靡的生活卻會「破中原」。最後兩句詩手法誇張，卻誇張得精妙，寫足了對君王的嘲諷和憤怒。

建功立業需要幾十年，敗盡家業只需要很短的時間。李隆基這個生於憂患的皇帝，最終還是死於安樂了。

在李隆基的昏瞶時期，楊玉環就是一個鮮明符號，兩人沉溺在奢華頹靡的生活裡，對外界的危機一無所知，所以只要提起這段歷史和相關記錄作品，都會提到楊玉環。後來無數人罵楊玉環，說她這個禍國殃民的女人，除了拉著帝王一起享樂，還會什麼呢？她放任她的族兄禍亂朝政，把朝野上下弄得烏煙瘴氣；她放任親戚享受著超出規格的待遇，甚至騎在皇族的頭上撒野。好像，什麼都是楊玉環一個人的錯。

動亂開始後，李隆基帶著楊玉環在禁軍的保護下，棄城出逃。軍隊在接連戰敗後萎靡不振，人心惶惶，急需一個宣洩口，而楊家人就是最好的靶子。所以他們氣勢洶洶，亂刀砍死了楊國忠還有楊家姊妹等人，然後一不做二不休，直接把李隆基包圍起來，逼迫他處死楊玉環。李隆基為了穩定軍心，不得不含淚賜死楊玉環。兩人在佛堂訣別後，楊玉環拿著白綾，縊死在了梨樹下。這一年，楊玉環三十八歲。

浮生大夢一場，愛或不愛已經不重要了

毫無疑問，楊玉環是個悲情人物，她的感情經歷波瀾起伏，引人嘆惋，被傳唱至今。絕色美人的傳奇一直受人偏愛，再加上一個接地氣的風流天子，讓兩人的熱度只增不減，而且除了一些獵奇的野史，唐代詩人白居易寫的《長恨歌》也貢獻了很大的流量。

漢皇重色思傾國，御宇多年求不得。
楊家有女初長成，養在深閨人未識。
天生麗質難自棄，一朝選在君王側。
回眸一笑百媚生，六宮粉黛無顏色。
…………
春宵苦短日高起，從此君王不早朝。
承歡侍宴無閒暇，春從春遊夜專夜。
後宮佳麗三千人，三千寵愛在一身。

⋯⋯⋯⋯

弟兄皆列土，可憐光彩生門戶。

遂令天下父母心，不重生男重生女。

⋯⋯⋯⋯

六軍不發無奈何，宛轉娥眉馬前死。

花鈿委地無人收，翠翹金雀玉搔頭。

君王掩面救不得，回看血淚相和流。

⋯⋯⋯⋯

悠悠生死別經年，魂魄不曾來入夢。

⋯⋯⋯⋯

上窮碧落下黃泉，兩處茫茫皆不見。

⋯⋯⋯⋯

在天願作比翼鳥[30]，在地願為連理枝[31]。
天長地久有時盡，此恨綿綿無絕期。

這首詩一開始，用一句「漢皇重色思傾國」給全詩定調，暗示了悲劇發生的原因。「漢皇」指的是漢武帝劉徹，但唐朝的文學創作一般用漢來借指唐，所以詩裡的「漢皇」指的就是李隆基。

「傾國」兩個字也有來由。西漢時期，音樂家李延年為了舉薦自己的妹妹，在劉徹面前唱了一首歌：「北方有佳人，絕世而獨立。一顧傾人城，再顧傾人國。寧不知傾城與傾國，佳人難再得。」這首詩很直白，就是說有一位佳人容貌舉世無雙，她只需要看守衛們一眼，城郭就要失守。再對帝王眼波一橫，國家都要滅亡。但這樣的美人太難得了，寧願不知道她的危險性也不能錯失呀！劉徹聽了後果然很感興趣，連忙召見了這位美人，一見果然名副其實，他就把美人收入了後宮。在這之後，「傾國傾

30 傳說中的異鳥，兩鳥各只一翼，須比翼才能飛行，故用來比喻夫妻和諧。
31 連理枝：兩株樹木樹幹相抱。古人常用此二物比喻情侶相愛、永不分離。

城」就成了美人的代稱，《長恨歌》用了「傾國」兩字，除了指代楊玉環，也有第二重意思在裡面。

再來看詩的講述：李隆基喜好美色，只是多年裡都遇不到讓他心動的美人，楊家女兒剛剛長大，只是一直嬌養於深閨，她的絕色外人不得知。她天生麗質，發光的金子也不會被埋沒，所以沒過多久，她理所當然地來到了皇帝身邊。她的美麗驚豔了所有人，只是回眸一笑，就讓後宮所有妃嬪黯然失色。

得到了這樣的美人之後，李隆基只感覺春宵苦短，從此再無心早朝。兩人白日一起遊玩，晚上則共度良宵，忙得沒有閒暇。後宮裡雖然有三千個嬪妃，但李隆基把三千寵愛都給了楊玉環一人。她的姊妹兄弟都分封了土地，貴不可言，楊家顯耀得讓人無比羨慕，以至天下父母都改變了觀念，從重男變成了重女。

詩的這幾句，反覆描繪了楊玉環的受寵，以及兩人極致享樂的生活，這也是詩的第一部分。第二個部分，寫到了「安史之亂」，馬嵬驛士兵嘩變，李隆基無奈看著楊玉環死去，以及她死後李隆基對她的思念。

關於楊玉環淒涼死去的情景，寫得言簡意賅，「六軍不發無奈何，宛轉娥眉馬前死」，天子軍隊要求賜死楊玉環，否則絕不發兵，李隆基沒辦法只能讓楊玉環自縊。「花鈿委地無人收，翠翹金雀玉搔頭。君王掩面救不得，回看血淚相和流」，她頭上的髮飾散落了一地，沒有人收拾，那都是些精美珍貴的金簪花鈿，君王看到這一幕，因為對局面的束手無策掩面慟哭，流出了血淚。

「悠悠生死別經年，魂魄不曾來入夢」，楊玉環死後，李隆基一直癡癡地想念她，然而多年過去，她的魂魄都不曾入夢和他相聚。全詩也從這裡開始，進入了第三個部分，講述道士幫著李隆基尋找楊玉環的魂魄，描寫手法非常浪漫，「上窮碧落下黃泉，兩處茫茫皆不見」，然而，道士不管前往萬丈之高的青天，還是到九泉之下，都一無所獲。

再到詩的最後四句，李隆基回憶起他和楊玉環曾經許下的誓言：在天就做比翼雙飛的鳥，在地就做永不分離的連理枝。只可惜，他們如今生死兩隔，就算天長地久也有盡頭，這份感情裡的遺憾卻永遠沒有盡頭。

《長恨歌》結合了歷史，又在故事的基礎上進行了一些浪漫的虛構，表現形式相當藝術，令故事的推進千回百轉，把李隆基對楊玉環的情感表現得淋漓盡致，讀完只讓人百感交集，這是《長恨歌》的魅力所在。

然而我一直不認為，李隆基真的愛楊玉環。愛情是什麼？願意為對方奮不顧身，獻上自己所有的熱忱和真心，這是現在的浪漫主義觀念，但顯然不適合封建社會，更不適合一位皇帝。雖然明朝也出了一個例外——明孝宗朱佑樘，他為了皇后散盡後宮佳麗，一生中只有一個女人，被視為歷史上最深情的皇帝。

表面看起來，李隆基完全是無原則地寵愛楊玉環，為了她無視各種規則，給她家人各種優待，但這真的是愛嗎？要知道李隆基是一國之尊，我們眼中高不可攀的東西，對他而言就是九牛一毛，如果他真的愛一個女人，是否應該給對方皇后之位？

儘管楊玉環一直享受著皇后待遇，但終其一生，她都只是貴妃。李隆基的后位一直懸空，如果要說唯一的絆腳石，那就是楊玉環曾經「兒媳婦」的身分了。只不過，唐朝風氣開放，從史料上來看，她從兒媳婦變成貴妃，似乎也沒有遭到什麼人反對，所以這一條不足以成立。

天寶後期，楊玉環從兄楊國忠獨攬大權，在朝廷裡排除異己，留下的都是聽話的人。如果李隆基提一句，想必後面的事情就順理成章，就算楊玉環沒有子嗣也不是什麼大事，但她依然只是個貴妃。

舉個例子來說，楊玉環的前婆婆武落衡，也就是武惠妃，她還有個尷尬的身分——武氏集團的代表人物武三思的侄女。武則天時期，武三思曾是太子之位的熱門人選，差一點兒江山就徹底改姓，為了打壓李唐皇室，武三思無所不用其極。當年李旦兩個妃子被陷害事件，或多或少都有他的身影在其中，因為只要扳倒李旦，他就離太子位更近一步。後來，李旦成了贏家，第一件事就是把武三思的墳墓毀掉，順便把他的屍身挖出來一頓洩憤。

朝廷上的事情雖然跟武落衡無關，但這些事情向來千絲萬縷，她到底姓武，加上又有點政治野心，經常插手政治，而朝野上下都在反「武」熱潮中，看她時都戴了有色眼鏡，唯恐她重走武則天的老路。但是，饒是如此困難重重，李隆基還是提出了要封她為皇后，這不比讓楊玉環上位更容易吧？

李隆基的提議遭到群臣反對，只能作罷，心裡卻怎麼都想不過去，於是給武落衡賜了一個特別的封號：惠，在這之前，歷代後宮裡都沒有「惠妃」這個品階，由此可見她在李隆基心中的特別。

武落衡曾經也被李隆基專寵，待遇形同皇后，只是物質享受上沒有楊玉環那麼誇張罷了，卻更貼近實際，她的寵愛沒有遭受太多人嫉恨，擁有足夠多的特權卻又在安全範圍之中。她的專寵時期，李隆基規規矩矩，沒有看其他人一眼。反觀楊玉環時期，李隆基不僅私會梅妃，還在全國範圍裡設置了一個甄選美女的機構，所以才發生了兩次楊玉環「悍妒」事件，這一點也足以說明問題。

後來，武落衡為了兒子，和朝中大臣李林甫聯合起來，陷害了太子和另外兩個皇子。李隆基震怒之下，把三人廢為庶人，過後沒多久，三人接連喪命。這中間，要是沒有武落衡的手筆，怎麼都說不過去。只是真相明瞭後，李隆基也沒捨得責備武落衡，她的待遇和位分都沒有任何變化。可惜的是，武落衡的心理承受能力太弱，害死了三個皇子後，她在有心之人的設計下，被那些裝神弄鬼的東西給嚇死了。

武落衡逝世後，李隆基消沉了很久，他把她所有的錯忘了個精光，心裡只剩下她的好。這一次他無視了朝臣們的反對，把她追封成皇后，用另一種形式達到了目的。再來反觀楊玉環，她和李隆基在一起將近二十年，李隆基根本沒有提起過這件事，而在她死後，他也不曾動過追封的念頭。

李隆基的確喜歡楊玉環，但還達不到愛的程度。

後來，唐朝後期的一位宰相鄭畋寫了一首《馬嵬坡》，半是感慨半是嘲諷，道足了他的複雜心情。

玄宗回馬楊妃死，雲雨難忘日月新。
終是聖明天子事，景陽宮井[32]又何人。

李隆基歷經波折，終於回到長安皇宮，然而楊玉環已長眠地下。看著熟悉的皇宮，兩人昔日的恩愛情景歷歷在目，此時再不見當初的奢華壯麗。不管怎麼說，處死楊玉環都是一個英明決定，否則李隆基很可能步陳後主亡國的後塵。

「景陽宮井」還有一個典故，說的是南朝時期，陳後主終日醉生夢死以致亡國。敵國軍隊所向披靡，攻入皇宮，他還不忘帶著寵妃躲到了景陽宮裡的一口井裡，結果

32 景陽宮井：故址在今江蘇省南京市玄武湖邊。《陳書．後主本紀》載：「（陳）後主聞兵至，從宮人十餘出後堂景陽殿，將自投於井。袁憲侍側，苦諫不從，後閣舍人夏侯公韻又以身蔽井，後主與爭久之，方得入焉。及夜，為隋軍所執。」

仍然被俘虜。

把李隆基拿來跟沒什麼功績的亡國之君相提並論，十足嘲諷，畢竟他曾經聖明過，局面也沒有徹底無法挽回。生死關頭，李隆基終究還是迷途知返，在江山和美人之間選擇了江山，所以詩人心情複雜地用了「終是」兩個字。

李隆基從小到大，身邊都圍繞著許多政治女性，武則天、太平公主、韋后，還有上官婉兒，他或多或少受到她們的影響，也懂得欣賞這些女性的魅力，他後宮裡的代表性人物就是武落衡。但同時，這些懂政治的女性不會讓他感到輕鬆，所以後來，他才喜歡上了讓他放鬆的女人，也就是單純的楊玉環。

要我來說，楊玉環只是個喜歡唱歌跳舞的小姑娘而已，只拿武落衡來對比，作為一個寵妃，楊玉環從來不胡亂插手政治。親戚們的功名利祿、封侯列土，也是李隆基主動給予的。

但是作為一個優秀的妃子，她卻有不合格的地方，譬如說，歷史上有名的長孫皇后、班婕妤等人，都起到了一個賢內助的作用，勸皇帝勤政，不要貪圖享樂。反觀楊玉環，她跟李隆基一起沉迷於歌舞，再加上被楊國忠這個朝廷毒瘤連累，最後被視為紅顏禍水。

楊玉環出生在開元盛世，長在開元盛世，想必從小就聽著李隆基的傳奇故事長大，可以見得，李隆基成功人士的形象在她心目中早已根深蒂固。兩人的年齡差超過三十歲，一般人都對長者下意識敬畏，楊玉環極大可能對李隆基有著盲目崇拜的心理。而李隆基呢，他曾經取得過輝煌成就，驕傲自負，因此他晚年處於一種逃避現實的鴕鳥狀態，根本不肯相信盛世傾塌會來得那麼快。與年輕的時候什麼都做最壞的打算相比較，他最後的階段什麼都做最好的打算，一直到局面無法挽回才知道反思。

說真的，如果沒有李隆基晚年的昏聵，楊玉環不會遇到這種無妄之災。如果留在李瑁身邊做個王妃，她也會無憂無慮一輩子。可惜，君王的一道旨意，她人生的軌跡被徹底打亂。

縱觀楊玉環的一生，其實也不算虧。她看過最高處的風景，享受過人間極樂，所有的繁花錦簇都被捧到她面前。她被仰望、被羡慕，有過志趣相投的愛人……她擁有了大多數人終其一生求而不得的東西，好在她的不順意的時光大概只有人生最後那幾日，痛苦不算長。

若李隆基不愛她，那麼她在知道的那一刻，生命剛好終結。若李隆基愛她，那麼她此生沒有遺憾，反倒是活在世上的李隆基日日思念、夜夜悔恨。這樣一想，多少也有了一些慰藉。

但其實，浮生大夢一場，她閉眼的　那一切煙消雲散，愛或不愛都已經不重要了。

野史逸聞中提到，蘇軾有一位妹妹，人稱「蘇小妹」，才情過人，在當時非常出名，她跟蘇軾的感情也很要好。

有一天，蘇軾這個哥哥拿蘇小妹的長相開玩笑，嘲諷她額頭凸起，眼睛又凹下去，就作了一首打油詩來形容：

未出堂前三五步，額頭先到畫堂前；
幾回拭淚深難到，留得汪汪兩道泉。

蘇小妹聽了也沒生氣，心想蘇軾那不修邊幅的樣子也沒好到哪兒去，還有亂糟糟的絡腮鬍，像個邋遢大叔。於是，她立刻寫了一首詩回敬過去，把蘇軾的樣子描寫得惟妙惟肖：

一叢哀草出唇間，鬚髮連鬢耳杳然；
口角幾回無覓處，忽聞毛裡有聲傳。

寫完之後，蘇小妹覺得還沒有對蘇軾造成精準打擊，又仔細觀察了他一下，發現自己漏掉了一些細節之處。比如蘇軾的額頭扁平，還長了一張馬臉，眼距也較寬，她立刻又補充了一首：

天平地闊路三千，遙望雙眉雲漢間；
去年一滴相思淚，至今未到耳腮邊。

蘇軾一聽，拍了拍妹妹的腦袋，也是樂得大笑。這個頭是他起的，只能說是自討苦吃。

倆人就像這樣經常互相開啟嘲諷模式，也是別有一番樂趣。

薛濤

歌手出道終身未婚的女文青

家道中落也沒啥，她也能賺錢養家。
名聲都是身外事，朋友圈只有名流。
低調一點也不是不行，
但是你懂的，才華真的很難藏住。

姊姊小檔案

薛濤（約 768 年～ 832 年），字洪度，唐代女詩人，成都樂伎。後人將薛濤與魚玄機、李冶、劉采春並稱「唐代四大女詩人」。流傳至今詩作有 90 餘首，收於《錦江集》。

中國古代的十大名妓，各有各的心酸和不易，但要問我最心疼哪一位，還是薛濤。

薛濤的名字並不算耳熟能詳，聽過這個名字的人，多半是因為她的感情八卦，比如跟大詩人元稹的纏綿感情，比如她性格張狂，恃寵而驕惹怒了金主，比如白居易對她垂涎不已，不惜寫詩勾引她，順便嘲諷了元稹一通之類的，不過這些野史八卦大多撲朔迷離，難以辨認真假，只能聽個樂子。

薛濤生於一個風氣開放的好時代——唐朝，儘管是「安史之亂」後滿目瘡痍的唐朝，但她所在的地區蜀中成都，卻能算作世外桃源，社會治安很穩定。蜀道難，難於上青天，若非如此，「安史之亂」全面爆發時，唐玄宗李隆基也不會在緊迫的局勢下，選擇去蜀中避難，直到安祿山被殺，最大的威脅消除，他才放心地回到長安城的皇宮裡。

說起來，唐朝是個傑出女性輩出的朝代，武則天、太平公主、上官婉兒等，每一個都活得肆意張揚，她們的存在無形間提高了女性的地位。雖然說薛濤出生時，這些政治女性叱吒風雲的時期已經過去，但一朝社會風氣形成，完全可以影響好幾代人。

薛濤身上也具備了這些女強人的優秀素質，比如獨立、堅韌、有才華，她與李冶、魚玄機、劉采春並稱為唐朝四大女神人，但可惜的是，薛濤雖然生在唐朝，卻沒有一片讓她從容綻放的土壤。她的一生猶如無根之萍，風雨飄零，雖然名動四方，卻不得不為了生活謹小慎微。

古往今來最令人痛心的事情，莫過於那些本該光芒四射的才子佳人，被逼著彎下了腰。

她被迫墮入風塵，從此桃色緋聞纏身

薛濤生於官宦之家，父親薛鄖在長安城做官，具體什麼職位，家族背景如何，妻子又是什麼人，史料中都沒有提及。只從寥寥片語中得知，薛鄖這人性格耿直、狷介，學識淵博，而對於薛濤這個唯一的女兒，他真心疼愛，給了她很好的學習環境，親自教她讀書寫字。

薛濤冰雪聰明，不管學什麼都一點即通，小小年紀就在音樂和文學上展現出了驚人的悟性和才華。有一次，父女倆在家中庭院的梧桐樹下乘涼，涼風習習，薛鄖突然來了靈感，張口吟了一句詩：「庭除一古桐，聳幹入雲中。」薛濤聽了這句詩，立刻就接了後面兩句，朗朗地道：「枝迎南北鳥，葉送往來風。」這一年，薛濤才八歲。

有時候我想，如果她能少遇一點挫折，想必也能像早期的李清照一樣，寫出許多明媚輕快的詩句。而且按照薛鄖對她的疼愛來說，她一輩子都會順水順風。只可惜家裡的變故來得又猛又烈，在薛濤還沒能完全長大時，接二連三的災難就從天而降，給她的童年籠罩上了一片巨大的陰影。

薛濤面臨的第一重災難，是父親的貶官。薛鄖為人性格耿直、狷介，敢於直言，卻因此得罪了朝中的權貴。

說起來，古代有很多性情耿直的人給我留下了深刻的印象。比如說唐朝時期的宰相魏徵，曾經寫了《十漸不克終疏》上奏給李世民，大概意思是說，李世民達成了「貞觀之治」的成就之後，就沉溺在業績中驕傲自滿，對自己的要求降低了。然後魏徵就挨個列舉了李世民的十個變得差勁的例子，比如李世民在民間搜求珍玩；因為自己的欲望勞役百姓；親小人，疏遠君子；崇尚奢靡；經常跑出去遊獵；沒事就要打仗等，最後總結了一下，提醒李世民以後要好好改善。

比如說，明朝時一位言官周觀政，有一日，他在巡查時，發現有一隊女樂正在太監的帶領下往皇宮裡走，他立刻上前制止，不許女樂進門，就算太監表示這是皇帝的意思，他也不搭理，像個石頭一樣油鹽不進，還向太監表示就算有聖旨都不行。

說起來，女樂不准入宮，還是朱元璋在建國時自己制定的規矩。他想起宋朝滅亡的原因，又想起亡國的李後主、陳後主，以及差點亡國的唐玄宗，不都是因為沉迷於歌舞音樂而壞大事嗎？朱元璋參考了一下這些例子，深感女樂的演奏都是要亡國的靡靡之音啊！乾脆就把女樂給禁了。誰知道後來朱元璋自己心癢癢了，想要找點樂趣，卻遇到了周觀政這個不懂變通的大臣，說起來朱元璋也是啪啪打臉。

太監回去稟告了朱元璋，朱元璋很無奈，只能表示以後不這樣了，還誇了周觀政幾句。誰知道太監轉述之後，周觀政還覺得不夠，非要見到朱元璋，得到他的當面保證。朱元璋只好召見了他，又好生安撫了他一番，這事才算完了。

這兩個是我印象很深的例子，畢竟伴君如伴虎，稍不注意就掉腦袋了，要換一個沒有容人之量的上司，那就慘了。

比如說隋煬帝楊廣，他就很煩別人跟他意見不同，也討厭大臣們納諫，直接表示：「我性不喜人諫，若位望通顯而諫以求名，彌所不耐。至於卑賤之士，雖少寬假，然卒不置之地上。汝其知之！」我最討厭別人勸諫，如果這人已經當了官，想要沽名釣譽，我立刻殺了他。如果是一個小人物，沒那麼多雜念，我還可以容忍他幾天，但幾天後，我還是要他死。這點你們要明白！

楊廣斬殺了不少人，漸漸地，朝中就沒有人敢建議什麼了。後來國內情勢危急，楊廣上朝時讓官員們說說他們的意見，結果一個敢吭聲的人都沒有，想來也是唏噓。魏徵和周觀政的幸運，在於他們遇到了心胸寬廣的上司，而薛鄖的不幸，在於他得罪了小心眼的權貴。

權貴看不慣薛鄖，就利用手段把他排擠出了長安城，貶到了遙遠的蜀中成都，眼不見為淨。薛鄖沒有辦法，帶著妻子和年幼的薛濤，跋山涉水地到成都安頓下來。從後來的事件來反推的話，這個時期，薛濤年紀在十歲左右。

幾年後，薛濤的第二重災難降臨。「安史之亂」前，唐朝一直強勢壓制著吐蕃，吐蕃不敢貿然進犯，還因為文成公主、金城公主兩人的努力，維持了很長一段時間的和平。「安史之亂」爆發後，唐朝陷入內亂，自顧不暇，國力也漸漸衰竭。吐蕃立刻趁火打劫，軍隊進入中原燒殺搶掠，還短暫地佔領過長安城一段時間。他們把長安洗劫一空，還放了一把火，後來，長安城被收復，兩國的關係也像一點即燃的炸彈，隨時都可能爆發。朝廷希望聯合南詔國，一起打壓吐蕃，臨近兩國的蜀中就變得很關鍵。

這一年，薛鄖去世了。關於這一點，史料中有三種說法，第一種說薛鄖因病去世，原因不詳；第二種，說他因為一個公案被革職，最後一病不起；第三種，則說他受命出使南詔，結果因為瘴氣染上了疾病，回來一命嗚呼。三種說法都有些爭議，沒有辦法論證，我們這裡遵循主流的觀點，也就是因為出使工作而染病。

瘴氣，其實就是熱帶森林裡，那些沒有人處理的動植物的屍體，腐爛後生成的有毒氣體。這些毒氣在高溫多雨的天氣下變本加厲，古人們向來談之色變。薛鄖到了南詔，大概因為水土不服、舟車勞頓，又吸入了這種毒氣，很快就病來如山倒。不過就現在來看，瘴氣的濃度不至於要了一個人的命，古人說的瘴癘，很大可能是被這些地區的蚊蟲叮咬，感染了瘧疾。

南詔有一首流傳甚廣的民謠，「十人到猛臘，九人難回家；要到車佛南，買好棺材板；要到菩薩壩，先把老婆嫁。」《後漢書．列傳．南蠻西南夷列傳》直觀地描述了一句「南州水土溫暑，加有瘴氣，致死者十必四五」，可見瘴氣的可怕。

話說回來，薛鄖死後，薛濤一夕之間從無憂無慮的少女，變成家裡為生計發愁的頂樑柱。十四歲的薛濤和母親相依為命，沒有什麼經濟來源，生活日漸窘迫。不得不說，不管唐朝的風氣有多麼開放，封建社會的條條框框依然對女性很殘酷，她們很難出去工作。薛濤和薛母沒有什麼賺錢的技能，要務農，兩人沒有那個體力；要經商，兩人沒有足夠的本錢，很快就坐吃山空。

兩年後，薛濤為了生計，自願加入了樂籍。樂籍是起源於北魏的戶籍制度，也就是藝術表演的組織，主要功能是為民間、官方、軍方提供聲色娛樂，跟現在的演員、歌手有些相似，地位上卻是天壤之別。

樂籍代表著專業和卑賤，從業人員主要來源於罪犯、戰俘這個群體的妻女以及後代。從另一種意義上來講，這是一種懲罰制度，他們可以被買賣和贈送，不允許和良民通婚，因為「奴婢賤人，律比畜產」，這可以看出他們低人一等的社會地位。而且，這個制度還是世襲制，意思是某個人一旦選擇了樂籍，她的家族和後代都會淪為樂籍。薛濤成為一名樂伎，是無奈中的無奈。

樂籍中又分了無數類別，宮伎、官伎、家伎和民間散伎，前兩者有編制，國家發工資，薛濤入樂伎就是為了這份工資，而且比當民間散伎會舒服一點。不過，官伎這個職位的要求也很高，因為接待的都是官員，他們大多是科舉出身，也有權貴家族的子弟。這群人文化修養較高，看得上眼的女人除了漂亮，也要有才華和見識。所以官伎的地位相對較高，工作環境不錯。

薛濤後面的經歷，正好印證了她是官伎。平時，她會被地方軍政長官叫過去侍奉酒宴，在宴會上演奏樂器，或者寫一些詩文供人娛樂，偶爾也會被派遣去接待來訪官員，陪同他們遊覽景點。

七八五年，一位朝廷官員來到成都，出任劍南西川節度使，也就是這個人，讓薛濤的事業進入了一個高峰期。這個男人是韋皋。節度使這個職位，相當於另一種說法的藩王、土皇帝，因為這個職位軍政財自理，自由度很高。有一個容易理解的例子可以作為參考，就是「安史之亂」的男主角：安祿山。

安祿山是節度使起家，他慢慢收買人心，逐步發展壯大，成了一個令朝廷忌憚的土皇帝。想當初，有人狀告安祿山要謀反，唐玄宗非常頭疼，因為雙方關係要是破裂，局面會很難辦。唐玄宗年老精力不濟，也沒了從前的淩雲壯志，做出了一個自欺欺人的舉動——他派人去詢問安祿山「你是不是要謀反」，安祿山當然會否定。

所以，從另一個角度來講，節度使這個職位很有潛力，容易脫離朝廷的掌控。當然話說回來，安祿山也是所有節度使裡最強勢的那個，他兼任了三個地方的節度使。

韋皋是個能人，有再世諸葛亮之稱，在他出任節度使的二十幾年裡，不僅聯合南詔、東蠻對付吐蕃，成功穩定了西南邊境，還完成了西南絲綢之路的重啟。他既是武將，又是詩人，而詩人的這個身分，令他天然就親近有詩才的人，比如薛濤。

也就是這一年，薛濤進入了韋皋的視線，進入了事業的高峰期。在偶然的一次酒宴中，韋皋讓薛濤寫詩助興，薛濤提筆就寫了一首《謁巫山廟》。

亂猿啼處訪高唐，路入煙霞草木香。
山色未能忘宋玉，水聲猶是哭襄王。
朝朝夜夜陽臺下，為雨為雲楚國亡。
惆悵廟前多少柳，春來空鬥畫眉長。

韋皋看了這首詩後，對薛濤連連讚賞，還有些不可思議，只覺得這首詩的風格大氣，不似出自姑娘家之手。韋皋很欣賞薛濤，這天後，他經常帶著她，不管設宴款待官員或是外出赴宴，都會讓薛濤作陪。另一邊，薛濤也給他掙足了顏面，她不管在什麼場合都不會怯場，從容淡定，談笑風生，又因為女性的身分格外受到矚目，一眾官員賓客都對她欣賞有加。

一來二去，薛濤的名氣傳遍了四方。

隨著時間過去，薛濤和韋皋相處得越發多，韋皋又發現了她在別的方面的才華——她竟然能寫出邏輯清晰、文采華麗的公文。韋皋不想浪費她的才華，乾脆讓她參與一些案牘類的工作，處理文書。薛濤做事細緻認真，也沒有辜負韋皋的期待，讓他省了不少力氣。

不得不說，韋皋用人挺不拘一格，他沒有覺得女性承擔男性的工作有什麼不對，反倒認為薛濤做這些還有些大材小用。所以，他不顧世人的眼光，做了一件冒天下之大不韙的事情——他想為薛濤要一個正式的編制，就寫了一封奏摺，請求皇帝把校書郎這個官職授予薛濤。

這個職位聽著平平無奇，實際上門檻很高，只有進士出身的人才有資格，因為工作內容涉及文化傳承，非常重要。歷史上做過這項工作的名人有很多，比如李商隱、杜牧、王昌齡。韋皋的出發點雖好，能看出他想為薛濤爭取一些好處，不埋沒她的才華，但薛濤既不是進士，也不是男子，阻礙重重。這個想法雖說沒能實現，薛濤的才華卻得到了人們的一致認可，人們乾脆直接稱她「女校書」。

薛濤越來越有名，大家都知道她是韋皋面前的紅人，很多來蜀中的官員想要拜見韋皋，苦於沒有門路，就鑽營到了薛濤那裡，紛紛給她送禮，懇請她美言幾句，引薦一番。沒想到，正是因為如此，引發了薛濤和韋皋暗藏著的觀念衝突。

她天生狂放不羈，奈何只能謹言慎微

薛濤性格狂放不羈，別人敢送禮，她就敢收，有人說她並不愛錢，因為最後她把這些賄賂全部都交到了韋皋的手裡，但我不太確信。很簡單，薛濤窮過，還被窮之一字害得很慘，否則也不會被逼加入低人一等的樂籍。而且，薛鄖當年為官就很清廉，沒攢下什麼積蓄，結果一朝撒手人寰，薛濤母女就面臨窘境。金錢意味著什麼，對於薛濤來說，金錢大概就意味著足夠的安全感。所以可以合理地推測，薛濤將收受的錢財上交，有可能是在尋求認同。而且在那個時候，節度使等同於這個地區的土皇帝，似乎收點賄賂不算什麼，因此她的戒心也比較低。

還有一種很小的可能是，她不知道怎麼辦，所以全部交給了韋皋，讓韋皋來拿主意，但總不能指望韋皋挨個退回去吧？那些送禮官員的顏面也掛不住。所以不管是哪一種可能，薛濤這個舉動都註定踩雷。

韋皋出生於官宦世家，擁有良好的底蘊，在優良家風的傳承之下，他性格清高，不拘小節。但是這並不是說他是一個好糊弄的人，相反，他的眼中容不得一粒沙子。據說，韋皋的家族剛到他這代時，已經落魄，偏偏他的妻子家世顯赫，父親是當朝宰相張延賞，因此張家的親朋、奴婢都瞧不起那時沒什麼作為的韋皋。後來，韋皋離家遠遊，又平步青雲而歸，做的第一件事，就是派人殺了當初看不起他的那些奴婢。

韋皋是個狠人，薛濤這麼一踩雷，鬧得動靜又大，給他帶來了很多不良的影響，很可能牽連到他的仕途。韋皋震怒，為了消除這些影響，索性將薛濤發配到了邊疆，以示懲戒。

薛濤是官伎，發配到邊疆就是被下放，前往低一級的地方去工作。這個地方是松州，臨近吐蕃，可以說是對抗吐蕃的第一線，戰火連綿，生活非常艱苦。她的身分也從官伎一下子變成了營伎，工作內容就是用音樂娛樂士卒們，慰勞他們的心情。

薛濤只有十九歲，才剛剛開始做夢，就慘遭社會「毒打」。其實，她還有另外一重身分，也就是韋皋的情人。年輕女孩子陷入戀情的時候，總是不夠成熟，再加上平日裡韋皋對她很好，既欣賞她，又給了她榮譽和尊重，所以她難免有些恃寵而驕，認不清自己的真實分量。和仕途比起來，薛濤輸了個徹底。

史料中還有第二種說法，說是宴會中薛濤不小心誤傷了韋皋朋友的兒子，才會被罰，不過真實性也不確定，只能作為一個參考。但不管是哪一種，只要兩人之間有戀情存在，韋皋的這種做法都傷人至極，明明懲罰還有其他的選擇，偏偏他選擇了最狠的那一種。

我倒希望兩人並沒有這層關係在，那麼薛濤被下放時，好歹會少幾分怨恨。可是，偏偏有這層曖昧的關係夾雜其中。說真的，讓薛濤去邊關的男人堆裡，去充滿血腥和暴力的地方，韋皋難道就一點都不在意嗎？不擔心她會遇到什麼危險嗎？後來，薛濤遇到元稹，失去了一往無前的勇氣和熱情，想必也跟這件事有幾分關係。

薛濤去了邊關後，寫了兩首詩給韋皋，也就是《罰赴邊有懷上韋令公[33]》。

其一：

聞道邊城苦，今來到始知。
羞將門下曲，唱與隴頭兒[34]。

曾聽說邊關的生活貧瘠孤苦，卻無法想像到底有多苦，今天到了這裡才親身感受到，什麼是人間疾苦。我想唱一些曲子慰勞邊關的將士們，讓他們放鬆一下心情，卻又羞愧於把這些享樂生活的宴樂之曲帶給他們。

其二：

---

33 韋令公：韋皋，字城武，萬年（今陝西省西安）人。貞元元年（西元七八五年），為劍南西川節度使，因邊功，進檢校司徒兼中書令，隋唐以來，凡任中書令者，習稱為令公。

34 隴頭兒：在蜀（四川）隴（甘肅）交界處守邊的戰士。

黠虜[35]猶違命，烽煙直北愁[36]。
卻教嚴譴妾，不敢向松州。

那些狡猾的吐蕃人，一直違抗君命不斷進攻，看著那四起的戰火，心中滿是哀愁。可是這樣危急的情況，主帥不向那些可惡的吐蕃人發怒，也不敢去那激烈交戰的松州，反而抓住我的一點小錯誤不放。

薛濤到了邊關，一下子從繁華走入疾苦，想必感受到了極大的心理衝擊力。一邊是酒宴享樂、歌舞昇平，一邊卻戰火不斷、哀號四起，兩者形成了鮮明的對比。薛濤意識到了上層的腐敗，不由得深深地同情邊關的將士們。於是，她把自己的認識寫到了第一首詩裡。

不得不說，這個時期的薛濤還有一些傲骨，對韋皋的作為也感到不滿，直接在詩裡表達了自己的怒意。尤其在第二首詩裡，她把韋皋對自己一個弱女子的態度，以及

35 黠（ㄒㄧㄚˊ）虜：狡猾的敵人，指吐蕃。貞元初，吐蕃強大，不斷侵擾蜀、隴等地。
36 直北愁：吐蕃當時已據青海、甘肅一帶，正當四川北部，故稱「直北愁」。

對敵人的態度做了對比，嘲諷意味十足。她把這兩首詩寄給了韋皋，韋皋會有什麼反應，我們可以想像。

其實詩中也暗含了求情之意，希望韋皋放她回去，只是薛濤採用了很激烈的方式，有一些賭氣的意思在裡面。而從韋皋的角度來看呢？他本意是要教訓薛濤，誰知道薛濤非但一句軟話沒有，竟然還寫詩嘲諷他，所以他沒有理會薛濤。

薛濤等著韋皋的回信，對方卻不搭理。邊關的生活對她一個弱女子來說就像噩夢，就算再心疼邊關將士，空有一身傲骨又能做什麼呢？就算入了樂籍，薛濤也沒覺得自己低人一等，她的才華給了她立足之本。然而現在被一番教訓，她從未如此清醒地意識到，她擁有的根本就是被人擺弄的命運。隨著時間過去，薛濤漸漸被磨平了脾氣，明白了什麼叫識時務者為俊傑，無奈向韋皋低下了頭顱，寫下了組詩《十離詩》。

這系列組詩，由十首「離」字為主題的詩組成。分別是《犬離主》《筆離手》《馬離廄》《鸚鵡離籠》《燕離巢》《珠離掌》《魚離池》《鷹離　》《竹離亭》《鏡離台》，薛濤在這十首七言詩中，把自己比喻為犬、筆、鸚鵡等，把韋皋比作主人、手、籠子等。不管哪一首，這些犬、筆、馬都有著相同的命運——它們都惹惱了自己的主人，以致被厭棄。比如說這首《犬離主》——

馴擾朱門四五年，毛香足淨主人憐。
無端咬著親情客，不得紅絲毯上眠。

大致意思是說，被高門大戶的主人馴養了四五年，平時皮毛打理得很好，腳也不髒，主人很喜歡它。只可惜某日，它不小心咬傷了主人的好友，主人一怒之下，不再允許它在柔軟的絲絨毯子上安睡。再比如《珠離掌》——

皎潔圓明內外通，清光似照水晶宮。
只緣一點玷相穢，不得終宵在掌中。

明珠啊明珠，它皎潔圓潤又通透，渾身散發著清亮的光輝，好似照亮了水晶宮，只可惜沾上了一點污穢，從此主人不愛將它把玩在掌中。

可以看出，薛濤把自己的地位放得很低，低到了塵埃裡，尤其第一首《犬離主》，把自己比喻成了一條狗，而韋皋則是衣食父母。她在詩裡深刻地反省了自己的錯誤，完全放棄了驕傲和尊嚴，呈現給韋皋看的只有乖巧和順從。詩裡的卑微和討好，實在令人心疼不已。但從實際來說，面子又值幾錢一斤呢？能換來實際的好處，改善現在的處境不是已經夠了嗎？

韋皋讀了這些詩後，態度軟化，原諒了薛濤，讓她回到了成都。後來，薛濤就隱居在了成都近郊的浣紗溪邊，獨自生活，但只是名義上如此，如果韋皋要讓她陪伴，她都要隨叫隨到。再後來，薛濤脫離了樂籍，但這個標籤跟隨了她一輩子，永遠洗刷不乾淨。

西元八〇五年，韋皋暴斃，武元衡接任節度使。武元衡是武則天的曾侄孫，才華橫溢，是唐朝中期詩人，後來官拜宰相。關於武元衡，有另外一種說法是，為薛濤上奏請求授予「校書郎」的並非韋皋，而是武元衡，不過由於史料模糊，兩種說法都難以論證。但從中不難看出，武元衡很欣賞薛濤，而且，兩人還傳出了不少緋聞，比如說武元衡和白居易本是好友，因為追求薛濤，兩人成了情敵。

據說，武元衡這首《贈道者（一作贈送）》就是為了薛濤而作：

麻衣如雪[37]一枝梅，笑掩微妝入夢來。

若到越溪[38]逢越女，紅蓮池裡白蓮開。

她穿著一身潔白如雪的衣服，好似傲寒而立的梅花，那麼美麗。她面上帶著羞怯的笑意，進入了我的夢中。如果她來到越國浣紗的溪水邊，遇到一群紅裙飄飄的越女，她就好似滿是紅蓮的池水中，那一枝獨秀的白蓮花，如此與眾不同。

據說，薛濤在武元衡離開時，回了這一首《送友人》。

水國[39]蒹葭夜有霜，月寒山色共蒼蒼。

誰言千里自今夕，離夢杳如關塞長。

水鄉中的蒹葭，夜來染了白霜，與那蒼茫的月色以及寒山，連接成一片孤寂的深

37 麻衣如雪：語出《詩經．曹風．蜉蝣》，此處借用來描繪女子一身如雪的白衣。
38 越溪：春秋末年越國美女西施浣紗的地方。末兩句是詩人的想像。
39 水國：猶水鄉。蒹葭（ㄐㄧㄢㄐㄧㄚ）：水草名。《詩經．秦風．蒹葭》：「蒹葭蒼蒼，白露為霜。所謂伊人，在水一方。」本指在水邊懷念故人，後以"蒹葭"泛指思念異地友人。

青。誰說千里之別，始於今夕呢？可自你去了邊塞之後，就連夢中的重逢，也蹤跡渺然。

薛濤隱居之後，並不是沒有了人際來往，蜀地官員時常會請她赴宴，還有許多人慕名前來請求結交，也不乏一些知己好友。她的朋友圈包括了大半詩壇，個個都是有名的才子，比如白居易、劉禹錫、杜牧，王建、張籍等，都曾跟她詩歌相和，只是很多詩歌已經失傳。

在人生道路上，薛濤雖然如一只漂泊的船，始終沒有停靠的港灣，途中卻精彩紛呈，至少在精神生活方面，她一直都沒有欠缺過，而這些名人願意跟她來往，也是出自對薛濤才華的欣賞和認可。比如王建這首《寄蜀中薛濤校書》——

萬里橋[40]邊女校書，枇杷花裡閉門居。

掃眉才子[41]知多少，管領春風[42]總不如。

---

40 萬里橋：在成都南。古時蜀人入吳，皆取道於此。三國時費禕奉使往吳，諸葛亮相送于此，費曰：「萬裡之路，始於此橋。」因此得名。

41 掃眉才子：泛指從古以來的女才子們。掃眉，畫眉。

42 管領春風：猶言獨領風騷。春風，指春風詞筆，風流文采。

萬里橋旁邊住著一位女校書，那裡被枇杷花環繞，她幽居於此，很少與人來往。從古至今女才子們雖然多，但只有薛濤的文采風流，能夠獨領風騷。

說起來，唐朝的詩壇有四大天后，除了薛濤，還有魚玄機、李冶、劉采春三人，都是文采斐然，但王建這句「管領春風總不如」卻讓薛濤一騎絕塵。言歸正傳，薛濤周圍優秀的人這麼多，最終讓她動心、燃燒所有熱情的卻只有一人。這個人是元稹。

此生飄零久，她骨子裡的驕傲從未被磨滅

元稹這個名字，好像不用說太多，實在太有名。他是唐朝有名的文學家、詩人，還有皇家血脈，不過這個皇室不是李唐皇室，而是北魏皇室。他是北魏昭成帝的十九世孫，不過這個名頭只是聽著好聽，到底北魏已經過去了幾百年。

元稹事業還沒發達的時候，鬱鬱不得志，一窮二白，他的妻子韋從嫁給他後吃了很多苦，從一個十指不沾陽春水的高門小姐，淪落為窘迫的婦人，為了維持生活，她還要變賣自己的嫁妝。

兩人的婚姻，有著一些政治成分，本來元稹也只是把婚姻視為往上爬的扶梯，但婚後真正瞭解到妻子後，元稹一發不可收拾地淪陷了，他與妻子鶼鰈情深，相濡以沫。他立志要做出一番事業，更希望改善窘境，誰知道就在剛要扶搖直上的那一年，韋從病逝了，年僅二十七歲。

韋從二十歲嫁給元稹，生了五子一女，兩人七年夫妻生了六個孩子，從這個時間的密集程度可以看出兩人的感情深厚。但也因此，韋從傷了身體，否則不會早早離世。

元稹哀痛不已，為亡妻寫下了許多悼亡詩，名垂千古的有兩首。比如組詩《離思》，其中的第四首：

曾經[43]滄海難為水，除卻巫山不是雲。

取次花叢懶回顧，半緣修道半緣君。

曾經看過煙波浩渺的滄海，再看其他地方的水，只覺得索然無味。曾經看過巫山

43「曾經」句：此句由孟子「觀於海者難為水」（《孟子．盡心篇》）脫化而來，意思是已經觀看過茫茫大海的水勢，那江河之水流就算不上是水了。

上如煙如霧的雲彩，其他地方的雲都黯然失色。你可知道，就算我身處花叢中也懶得回頭多看一眼？這其中的緣故，幾分是因為修身治學，還有幾分則是因為你。

這首詩寫得委婉動人、意境幽深，能看出元稹對妻子用情至深，他用比喻的手法寫了自己刻骨的思念，表示除了亡妻，再也不會對別的女人動情。這句「曾經滄海難為水」與蘇軾的「十年生死兩茫茫，不思量，自難忘」，都是數一數二的悼亡佳作。

再來看組詩《遣悲懷》，其中的第二首：

昔日戲言身後意，今朝都到眼前來。
衣裳已施行看盡，針線猶存未忍開。
尚想舊情憐婢僕，也曾因夢送錢財。
誠知此恨人人有，貧賤夫妻百事哀。

這首詩的意思很直白，就不多解釋了，「貧賤夫妻百事哀」這句話也流傳至今。只是這句話的意思，不是說貧賤夫妻生活艱辛、處處悲哀、沒有什麼希望可言，而是要和前面一句話「誠知此恨人人有」聯繫起來，實際上意思是說：我知道生離死別人人都會有，然而對於貧賤患難的夫妻來說，面臨這樣的訣別，更加悲痛。

話說回來，剛好在韋從去世的這一年，元稹被提拔為監察御史，並奉命出使蜀地。薛濤是蜀地的名人，驚才絕豔的女詩人，平日裡交友甚廣，來往的都是有名氣的才子們。元稹聽說了她的名字後，慕名約了薛濤見面，薛濤欣然而往。這一見面，她就被元稹的才華、談吐還有氣度深深地吸引了，毫不猶豫地燃燒了渾身熱情，墜入了愛河中。

可以想像，他們一起談天說地、漫步江邊，或是同登蜀山，兩人總是有說不完的話。而且薛濤比元稹年長了十一歲，歷經過滄桑挫折，也有歲月的沉澱，對人世百態自有一番自己的看法，這些都化作了一種富有深度的女性魅力。薛濤對這份情，寄予了深切期望。於是，她寫下了百般柔情的《池上雙鳥》。

雙棲綠池上，朝暮共飛還。
更忙將趨日，同心蓮葉間。

然而這份期望註定落空，對於元稹來說，薛濤是他的紅顏知己，或者說是一個情人的角色，並非命中註定要相攜到老的那個女人。說得直白一點，就是兩人之間少了一點兩性相吸的荷爾蒙，所以這段情感，註定只是元稹人生道路上的一段美麗風景。

元稹只在蜀地停留了三個月，很快就被調任到了別的地方，兩個人只能書信來往。薛濤愛上了寫信，四十二歲的她動了心，依然一腔少女情懷，美好、真摯、熱烈。她特意改造了寫詩的信箋，將之裁剪到合適的大小，染成桃紅色，精巧又漂亮，後來這種信紙就被稱為「薛濤箋」，專門拿來寫情書。書信來往的時期，她寫下了有名的《春望詞》系列古體詩，比如這一首：

花開不同賞，花落不同悲。
欲問相思處，花開花落時。

花開時，你和我不能一起欣賞；花落時，我們不能一起憐惜。如果要問最相思是哪般時候，大概就是這花開花落之時吧。還有這一首：

風花日將老，佳期猶渺渺。
不結同心人，空結同心草。

那風花雪月即將老去，你我之間的美好時光，卻總是盼不到。不能與心中的愛人在一起，編織再多的同心草，也只是令人愁上加愁。

元稹也給薛濤寫了一首詩，就是這首《寄贈薛濤》。

錦江滑膩峨眉[44]秀，幻出文君與薛濤。
言語巧偷鸚鵡舌，文章分得鳳凰毛。
紛紛辭客多停筆，個個公卿欲夢刀[45]。
別後相思隔煙水，菖蒲花發五雲[46]高。

只有蜀中那絲綢般的錦江水，以及秀麗的峨眉山，才能養出卓文君和薛濤這樣的

44 錦江：在今四川成都市南。滑膩，平滑細膩。《唐語林》卷八：「蜀人織錦，初成必濯於江，然後文采煥發。」「錦江」之名源於此。「滑膩」之說當與此有關。峨眉：峨眉山，在今四川峨眉縣西南。此均用以泛指蜀地。

45 夢刀：夢見刀州，即想到蜀地為官。用晉王濬夢見頭上懸刀而遷益州刺史典故，參見前李遠《送人入蜀》注。句謂薛濤在蜀，公卿們都想到蜀地做官，以便能結識親近她。

46 菖蒲：草名，有香氣，生於水邊。五雲：祥雲，瑞雲。舊以為仙子居處。《雲笈七籤》：「元洲有絕空之宮，在五雲之中，王靈仙母、金華仙女常所游也。」《長恨歌》：「樓殿玲瓏五雲起，其中綽約多仙子。」

掃眉才子吧。她巧言善辯，好似偷了鸚鵡的舌，她的文章華麗，好似鳳凰羽毛一樣五彩斑斕。那些文人相形見絀，紛紛停下了自己的筆，那些公侯自愧弗如，希望能趕緊升遷離開這個傷心地。自從別後，遠隔煙水無限思念，這思念好似菖蒲花一樣茂盛，又好似仙子居住地那樣高。

有人說元稹是個「渣男」，其實不見得如此，我也不願把薛濤放在可憐、被拋棄的位置上。元稹與薛濤相遇，剛好在韋從去世這一年，這個時間不太好，元稹還沉浸在失去韋從的悲痛中，根本沒有辦法接受新的女人，這是其一。他寫下的許多悼亡詩能夠說明這一點，「曾經滄海難為水」的意思，不正是說明後來遇到的形形色色的女人，沒有一個能取代韋從，讓他動心或者移情的嗎？

其二，從實際上來說，兩人的身分不合適。薛濤永遠擺脫不了樂伎的標籤，這個標籤等同於風塵女子，就算脫了樂籍，她還是會被社會以有色眼光看待。如果要娶她，對元稹的仕途來說只有不良影響，何況元稹對她的情感，遠遠沒到達想與她談婚論嫁的地步。

人的一生中會遇到很多異性，其中不乏一些有好感的人，有一種狀態叫作「友情以上，戀人未滿」，薛濤和元稹應該就屬於這一種。我們不能以現代人的思想觀念去要求古代人，畢竟古人可以三妻四妾，但也不否認他辜負了薛濤的一腔深情。

如果薛濤願意的話，元稹身邊未必沒有她的位置，但這種形式的負責就是薛濤想要的嗎？以薛濤的高傲，她不大可能在身分上屈就，還不如保持著紅顏知己的狀態，用另一種方式在他心裡佔據一席之地。她已經不是無知的年紀了，有些事她看得很明白，所以能夠從容淡然地抽身，退一步海闊天空，沒讓自己陷入執迷中而失去自我，也是另一番從容瀟灑。

在這之後，薛濤換上了一身道袍，淡然生活，任憑花開花謝，雲卷雲舒。到了垂垂老矣之時，她離開了浣花溪，修了一座吟詩樓，搬進那裡居住，度過了人生最後的時光。

八三二年，薛濤安然去世，享年六十五歲。唐朝宰相段文昌，親自為她寫了墓誌銘，上書「西川女校書薛濤洪度之墓」。

很多人提到薛濤都是憐惜，憐惜她的一腔深情被辜負。

薛濤遇到元稹後，其他人再也無法讓她動心。她終身未嫁，不可否認她情深似海，但也不該全部怪罪於元稹。人世間並不是你用情至深，對方就必須接受。在我看來，薛濤最好的狀態就是停留在紅顏知己上，既不會因為一起生活，多出許多鬱鬱不平的事，也保留了一身驕傲，以輕盈自在的姿態游離在塵世之上。

薛濤孤獨了一生，我從不為她感到悲哀，只覺得遺憾、敬佩。從薛濤後來獨居的狀態，還有後面給自己修吟詩樓來看，她的積蓄足以讓她過得很舒服。這樣一個有錢、有才華的女人要嫁人難嗎？很容易。只是要嫁一個喜歡的人卻很難，她不願意將就。在經歷過韋皋、武元衡、元稹這些優秀的男人後，一般男人恐怕很難被她瞧上，況且對薛濤來說，或許男人也不是生活的必需品。

薛濤這一生經歷了許多，她看到過人世繁華，感受過人間疾苦，嘗過酸甜苦辣，最終依然保留著骨子裡的傲氣。說實話，她經濟自由，生活無拘無束，才女之名更是響徹至今，已經到達了許多人無法企及的高度。如果衡量這樣一個女子，還要從婚嫁的角度上去可憐她，實在沒有必要。

愛一個人不一定要得到，只要心中有情，精神上便不會感到空虛。我想到了最後一刻，她心中也只有「不悔」兩個字。後來，我偶然間讀到一位作家朋友雍樨寫的一首詞《一七令．凰》，覺得跟薛濤很契合。

凰。

展翅，朝陽。

凌雲志，踞桐鄉。

一啼婉轉，再唱鏗鏘。

三鳴驚百獸，四嘯破天光。

浴火九霄之上，重生宇宙玄黃。

何須百鳥來朝拜，天下賢者自成王。

花蕊夫人

勇斥男人沒出息的緋聞女王

美人都是人中花，她卻成為花中蕊。
寫詩作畫有雅趣，一生只夠愛一人。
巾幗何曾讓鬚眉，國運興衰也關心。

姊姊小檔案

花蕊夫人，生卒年不詳，五代十國人，後蜀後主孟昶的寵妃，賜號花蕊夫人。有才情，尤長於宮詞，代表作《述國亡詩》。

每逢亂世，總有那麼一兩個讓人印象深刻的女人。比如桃色緋聞纏身的宣華夫人，竟然能引得楊堅和楊廣父子倆爭風吃醋，為了得到宣華夫人，楊廣竟然膽大包天到弒君，最後成功佔有了她。比如洛神甄宓，雖然成了曹丕的妻子，卻引得曹植對她念念不忘，據說曹植那篇《洛神賦》就是為她而著。

花蕊夫人跟兩人的經歷也有所相似，她本是後蜀主孟昶的妃子，一朝國破淪為俘虜，後來被宋太祖趙匡胤看上，又成了趙匡胤後宮中的一員，卻又引起了他弟弟趙光義的嫉妒，兄弟鬩於牆，明爭暗鬥。這三個例子，看起來真的很有言情小說的既視感有沒有？而且她們都有一個共同點，就是都有閉月羞花的盛世美顏，所以她們也同樣擁有「紅顏禍水」的這個標籤。

為了襯托「紅顏禍水」，很多事都會被傳得極其離譜，完全脫離了事實。去看冷冰冰的歷史原貌，往往很多事情都不那麼美好，拋開那些夢幻浮誇的因素不談，這些女人真的就願意嗎？問出這個問題也有點滑稽，其實，她們連選擇的機會都沒有，只能被動地接受。

如果有人說，宣華夫人明明也可以寧死不從，或者用別的方法拒絕楊堅和楊廣。

我真想說那就是站著說話不腰疼，宣華夫人淪為俘虜時，所有的男性親屬都被送去勞動改造，女眷則被發配到掖庭做奴婢。她和母親一起吃糟糠、幹粗活，她和她家人的生死都不在她的掌握之中，又怎麼可能莽撞得拿生命開玩笑呢？要拒絕，不也得掂量掂量後果嗎？

花蕊夫人也是同理，不管是進入孟昶的後宮，還是趙匡胤的後宮，她都沒什麼選擇的機會，只能被動接受，想來也是一聲嘆息，封建禮教的束縛之下，女人們想要過得舒服真的太難。所以這個篇章裡，我們就透過花蕊夫人，來說說封建社會之下女人們的無奈吧。

奢華享樂的生活，不是她眼中的人生真諦

她的名字我們並不陌生，甚至五代十國之後，「花蕊夫人」就成了美麗女人的代名詞，一聽說這個名字，想必大家聯想到的就是盛世美顏、優雅、才情。世人總是以嬌豔欲滴的花來比喻美人，蘇軾則讚美花蕊夫人「花不足以擬其色，蕊差堪狀其

容」，足以見得她有多美。

歷史上有記載的花蕊夫人有三人，一個是南唐主李煜的宮人，還有一個則是後蜀主孟昶的妃子，也就是這個篇章的女主角。

關於她的身世，史料中也有兩種記載，一種說法是說她姓費，是一名歌姬，因為出色的容貌，被選入了孟昶的後宮裡。另一種說法，則說她姓徐，後來有學者考證出，她跟前蜀的花蕊夫人出自同一個家族，兩人是姑侄。

關於她所處的朝代背景——五代十國的後蜀，實在沒有什麼名氣，這是一個隻存在了三十多年的割據政權。五代十國，聽起來就令人頭疼不已，看這四個字，彷彿經歷了漫長的時光，實際上只有七十多年。而在這七十多年裡，中原前後更迭了五個王朝，環繞中原地區則出現了十個割據政權，用一個詞語來形容就是紛雜。

世人之所以記住了後蜀，最大的功臣就是花蕊夫人，但根本原因並不是因為她那頗為夢幻的經歷，而是因為她的一首詩——《述國亡詩》。

話說，後蜀末代皇帝孟昶在成為皇帝之前，可能根本沒想過有這麼一天。他的父親孟知祥本來只是後唐的一個大臣，機緣巧合下才建立了後蜀。不過孟知祥還算努力，孟昶繼位後也兢兢業業了一段時間，加上中原的王朝自顧不暇，後蜀國內一片太平，五穀豐登，欣欣向榮。

孟昶是個懂得享樂的人，據說他在摩訶池上建造了一座水晶宮殿，作為避暑之用。窗上鑲嵌珊瑚，碧玉鋪路，宮殿的廊柱不是楠木就是沉香，牆壁之間以琉璃鑲嵌，宮內擺滿了夜明珠。

舉個例子來說，後來後蜀滅亡，北宋的侍衛們搜羅皇宮裡的器具，見到了一個鑲滿寶石的器具，但不知道是什麼，就帶了回去。宋太祖趙匡胤一看，才發現是個夜壺，不由得搖頭感慨道「連夜壺都要鑲寶石，那拿什麼盛食物呢？如此鋪張浪費，難怪會亡國」，然後就讓侍衛把這個夜壺打碎了。

孟昶的皇宮裡，美人眾多，他廣征了蜀地各處來的美女，花蕊夫人就是其中之一，被封作貴妃，也是宮中最得寵的女人。為了她的喜好，孟昶在成都種滿了牡丹和芙蓉，四處搜尋了優良品種，又在宮中修了「牡丹苑」。兩人經常在牡丹花的圍繞下，大設酒宴，請人來一起賞花。

兩人平日的生活，基本就是賞花、辦宴會、看歌舞，過得非常有情調。花蕊夫人很有生活情趣，她擔心孟昶吃膩了那些菜肴，就別出心裁地改善了一番，比如說「酒骨糟」這道菜，就是她的改良之作。偶爾有了空閒，花蕊夫人還會陪著孟昶挑選美人，把後宮的女人們召集到一起，挑選順眼的給加封位號。對於兩人來說，這是一種情趣和遊戲，花蕊夫人也不會嫉妒，其中的原因可能是她的地位沒人可以撼動，另外是她自小被培養成了封建禮教下的標準女性。

有一個晚上，孟昶喝醉了，和花蕊夫人並肩坐在閣樓裡，相互依偎。天邊滿是星光，底下則是水波蕩漾的摩訶池。借著酒興，花蕊夫人提議讓孟昶填詞，孟昶令人準備了紙筆，當即填了一首《玉樓春》。

冰肌玉骨清無汗，水殿風來暗香滿。繡簾一點月窺人，倚枕釵橫雲鬢亂。

起來瓊戶啟無聲，時見疏星渡河漢。屈指西風幾時來，只恐流年暗中換。

據說這首詞寫於亡國的前期，酒宴也是最後一場狂歡。孟昶知道即將到來的滅頂之災，壓抑著內心的焦灼憂慮，面上卻沒有表現出來。他不忍告訴一無所知的花蕊，所以在生離死別之前，把所有都藏到了這首詞中。上闋，描繪了他對兩人纏綿情感的不捨和留念，用情真摯。下闋，花蕊夫人睡著後，他悄悄起身，獨自排解心中煩悶，他明白這樣的日子已經不多了。

後來，蘇軾改了一個版本，他在序言裡表示，他幼年時曾聽人誦讀了這首詞，長大後依稀只記得兩句，於是他發揮想像力，補充成了一首新詞，也就是《洞仙歌》。

冰肌玉骨，自清涼無汗。水殿風來暗香滿。繡簾開，一點明月窺人，人未寢，攲[47]枕釵橫鬢亂。起來攜素手，庭戶無聲，時見疏星度河漢。試問夜如何？夜已三更，金波[48]淡，玉繩[49]低轉。但屈指、西風幾時來？又不道、流年暗中偷換。

詞裡描繪皇帝和妃子的後宮生活，感慨了這般良辰美景終究會有盡頭。細細體味，可以感受出，這個版本與孟昶版本之間的區別。

說起來，古代描寫宮廷享樂生活的詩詞不少，可以透過詩詞去窺見幾分其中的奢

47 斜靠。
48 指月光。
49 星名，位於北斗星附近，常泛指群星。

華和旖旎之景。比如李商隱這首《陳後宮》。

茂苑城如畫，閶門瓦欲流[50]。
還依水光殿，更起月華樓。
侵夜鸞開鏡[51]，迎冬雉獻裘[52]。
從臣皆半醉，天子正無愁。

那茂苑裡的景致美麗如畫，它的宮門高大壯麗，琉璃瓦折射出耀眼光芒。它依著水光殿，旁邊又修築起一棟專門賞月的月華樓。夜色漸漸來臨，妃子們照著鏡子梳妝，鏡子上繪製了精美的鸞鳥圖案。冬天即將來臨，臣子已經獻上了雉羽製成的毛裘。酒宴中，百官都喝得半醉，君王也和大家一樣，沒什麼憂愁。

最後一句「天子正無愁」，暗指曾經的昏庸荒淫的北齊後主高瑋，他寫了一首

50 閶（ㄔㄤ）門：即閶闔門，是神話傳說中的天門，這裡指宮門。瓦欲流：形容琉璃瓦色澤光豔欲滴。
51 鸞開鏡：即「開鸞鏡」，指梳妝。鸞鏡，飾有鸞鳥圖案的妝鏡。
52 雉獻裘：即「獻雉裘」。雉裘，即雉頭裘，以雉雞頭上羽毛製成的裘。雉，雉雞，野雞。裘，皮衣。

《無愁曲》自彈自唱，獨自陶醉，也被稱為「無愁天子」，所以詩裡最後這句「天子正無愁」一語雙關，用高璋這個例子諷刺陳後主已經無可就藥了。

再比如溫庭筠寫的《楊柳枝》。

御柳如絲映九重[53]，鳳凰窗映繡芙蓉。
景陽樓畔千條路，一面新妝待曉風。

皇宮裡，柳樹春意盎然，映襯著那奢華壯麗的九重宮殿，那窗格子上雕刻著鳳凰花，簾上繡著芙蓉。景陽樓旁邊的道路，一眼望去，垂落的柳枝千絲萬縷，迎著春風飄搖，好似宮女才畫的妝容一樣清新美麗。這首詩主要是寫景，在寫柳樹清新之色時，又一石二鳥地蘊含了宮女的風情，筆法非常獨特。

還有李白寫的《宮中行樂詞》八首，選取了一些宮中特有的景物為主題，來描繪那種如夢似幻的奢華宮廷生活。其三：

53 九重：九層；九道。亦泛指多層。古制，天子之居有門九重，故稱九重宮，特指皇宮。《楚辭．九辯》：「豈不郁陶而思君兮，君之門以九重。」

盧橘為秦樹，蒲桃[54]出漢宮。
煙花宜落日，絲管醉春風。
笛奏龍吟水，簫鳴鳳下空。
君王多樂事，還與萬方同。

其四：

玉樹春歸日，金宮樂事多。
後庭朝未入，輕輦夜相過。
笑出花間語，嬌來竹下歌。
莫教明月去，留著醉嫦娥。

言簡意賅的語句，隨之而來的卻是鋪天蓋地的奢華旖旎氣息，前面一首寫了皇帝

54 即葡萄，原產西域西漢時引種長安。

賞樂，點出了一句中心語句「君王多樂事」。後面那首，描寫的是皇帝與妃嬪們的嬉戲之景，也是圍繞「金宮樂事多」這個中心來展開描繪。

李白這八首詩，是在唐玄宗的要求下寫出的應制詩，用來歌功頌德，粉飾太平，其實詩裡暗含了李白的諷諫和憂國憂民的情懷。除了這兩首，其中有一首寫出了「宮中誰第一，飛燕在昭陽」，正是在借用趙飛燕的例子，希望點醒皇帝，但皇帝沉溺在享樂中，毫無所覺。

言歸正傳，就在孟昶沉溺享樂時，趙匡胤黃袍加身，建立了北宋。趙匡胤立志於統一全國，先後滅了荊南、武平，隨後視線轉向後蜀，浩浩蕩蕩的北宋大軍直攻而來。

後蜀情況十分危急，然而孟昶卻粉飾太平，也不願意讓女人操心這些事情，所以後宮妃嬪對國難當頭的現狀一無所知，只有花蕊夫人隱隱感覺到了一些不妥。花蕊夫人雖然不懂政治，但知道歷史上那些一代雄主是什麼樣的氣象，也知道班婕妤、樊姬勸諫的例子。所以，當見到孟昶一直沉溺享樂，花蕊夫人內心深處非常擔憂，多次勸說他要勵精圖治，不過都被孟昶三言兩語打發了過去。

花蕊夫人對此束手無策，而且自古以來，都有後宮不得干政的規定，她沒有獲取最新消息的途徑，擁有的只有君王的寵愛和後宮裡那一方天地，很難知道前線究竟發生了什麼。因此，孟昶告訴她沒問題，她可能就真的放下了心。

我常常會為這種狀況感到無力，封建社會的女性無法參與政治，卻依然要為當權者的失誤付出很多的代價。雖然不否認孟昶的一片心意，他希望她能無憂無慮，不用去煩惱那些「男兒家」的事情，希望自己能像個避風港一樣，為女人們遮擋住風雨。然而，大廈將傾時，至少要讓花蕊夫人知道這些「風雨」究竟是什麼吧？

不管花蕊夫人是選擇逃避，抑或是選擇勇敢面對，都需要她自己去選擇，而不是被蒙在鼓裡，對所有的狀況以及即將到來的事情一無所知，只能無比被動地去承受。試著想一下，花蕊夫人的身分地位，已經是封建社會的女人所能到達的最高點，連她都如此，更何況那些普通人呢？所以我們難免會為那些身處在亂世中的可憐女人扼腕嘆息。

比如「五胡亂華」時，那些被當作糧食的女人；比如「靖康之恥」時，那些被當成物資送給金軍的女人，以及被當作賠款的女人；比如被昏庸的君王拖累，莫名其妙背了個黑鍋的女人。這些其實只是古代社會的冰山一角，如果要說得更細一點，可以具象化到某一個人的身上，那就是柔福帝姬、宣華夫人，甚至楊玉環等。

就拿柔福帝姬來說，她就是這種社會風氣之下的受害者，很有代表性。「靖康之恥」時，她作為北宋皇室成員被金軍帶回了金國，後來被扔進了浣衣院中。這個浣衣院，一是作為處罰女人的勞動場所，二是作為讓金國貴族尋歡作樂之地。後來，柔福帝姬僥倖逃回南宋，本以為能鬆一口氣，以後等候她的是靜好的歲月，沒想到，最後等來了親人的背後一刀。

幾年後，宋高宗趙構，從金國贖回了自己的母親韋太后。韋太后曾經在浣衣院生活過，被金人作為重點對象淩辱過，而柔福帝姬是她這段難堪歲月的見證人。因此，韋太后發現柔福帝姬逃回來後，立刻指出她是假冒的。一個是親生母親，另一個是不熟的異母妹妹，孰輕孰重？趙構很快做出選擇，將柔福帝姬斬首示眾。

每次想起柔福帝姬的名字，我都忍不住嗟嘆，她先是為北宋當權者的政治錯誤買了單，最後又為南宋皇室成員的名聲買了單。這個說得有些遠了，但我們通過她可以看出，一個沒有選擇權的女人有多麼淒慘，她無法掌控自己的命運，哪怕最後被放過，也必須一輩子謹言慎行。

話說回來，孟昶真的不清楚情況危急嗎？未必。後蜀佔據著地理要勢，高山險阻，難以攻打，他心裡始終存著幾分僥倖。但是另一邊，趙匡胤與孟昶的精神面貌完全不一樣，他成竹在胸，對後蜀勢在必得。趙匡胤還下令讓人在汴京給孟昶修建了一座住宅，這意思就是要告訴天下人，這場仗他贏定了，孟昶的歸宿除了成為階下囚，根本沒有第二條路。

北宋大軍帶著十足的士氣進入蜀地，一路上勢如破竹，所向披靡。與之對比鮮明的是後蜀軍隊的潰不成軍，多次戰役竟然不戰而敗。孟昶得知消息後，大受打擊，不由感慨道：「我和父親養了這些戰士四十年，讓他們豐衣足食，然而面對敵人，他們竟然連發一箭的勇氣都沒有，我想守城，可誰又能為我守城呢?!」沒過多久，北宋兵分兩路直逼成都，孟昶舉城投降，後蜀宣告滅亡。

這一場戰役，從開戰到滅亡，只有短短六十六天。後蜀的政權，從建立到滅亡，也只有短短的三十三年。說起來，後蜀的開國皇帝孟知祥是個沒什麼福氣的人。剛建立後蜀沒多久，同年七月，他就得了一場重病，幾個月後油盡燈枯，趕緊立了老三孟昶當太子，讓孟昶代理朝政。而就在立下太子的這一晚，孟知祥匆匆離世。

這個時候，孟昶還不到十七歲，根本沒有做好成為一國之君的準備。所以在他的君王生涯初期，他根本不怎麼處理政事，全部託付給了大臣。這個狀況，讓人狠狠地捏了一把冷汗，似乎這時已經透出了幾分亡國之相。

孟昶到底是不是昏聵之君，其實很難去界定，至少前期絕對不是。仔細閱讀史料，不難發現他的優秀素質。他聰慧有悟性，文學才華也很好，在孟知祥的諸多兒子裡表現突出，否則也不會以庶子的身分脫穎而出。而且，看了他之後的一系列舉動，我有些懷疑他初期的不理政事，實際上是在扮豬吃老虎，玩了一招欲擒故縱。

孟知祥去世得突然，孟昶在朝廷上毫無根基，身邊的大臣都是老一批的人，雖然政治上還算靠得住，但這些早年跟隨孟昶創業的人，紛紛居功自傲，根本不把孟昶放在眼裡，他們把朝廷法度視若無物。比如說節度使李仁罕，他行事飛揚跋扈，還貪婪地找孟昶討要更多好處。

孟昶為了穩住他，答應了他的要求，李仁罕見他這麼好說話，就放鬆了警惕。過了幾個月，孟昶做足了準備後，再把他召進宮來，直接殺掉，然後滅了他全族。這一招殺雞儆猴，又快又狠，經過這一次後，朝中官員再也不敢小看孟昶這個新皇帝。

再比如說，有個叫李肇的節度使來到皇宮，拿著拐杖，說自己身體不好不能拜皇帝，一聽說李仁罕的事情後，非常識時務，放下拐杖就跪拜在地。不過孟昶沒有放過他，強行讓他退休，把他發配到了邛崍。這之後，孟昶花了幾年時間，又接連處置了幾個貪婪殘酷的大臣，才開始親政。

孟昶聽勸納諫，廣開言路，在朝堂上設置了匭函，接受臣民們的書信來瞭解民間的大小事。他發展文化，在國內開辦學校，令人刊刻了「十一經」，為儒學做出貢獻；又令人收集編寫了《花間集》，這本書被後人視為詞曲之祖。除此之外，他很重視農業和經濟，創辦了歷史上第一個畫院，還收復了一些前蜀丟失的疆域……

這樣看來，孟昶本來也是個少年英主，早前為國家的穩定做了很多努力，雖然也不乏一些運氣加成，如先前中原的王朝自顧不暇，根本沒空對付後蜀。但不得不說，孟昶做的這些努力，都被老百姓看在眼裡，所以在他淪為俘虜被押去北宋的路上，成都的老百姓自發送他百里之遠，一路上哀痛哭泣，心中難舍。

可惜，孟昶有善始，卻沒能善終。大概人都很難跳出自己的舒適圈，安穩舒適地停留在原地，總比磕磕絆絆前進來得輕鬆。後蜀在孟昶的治理下，剛有了一些起色後，孟昶就日漸消沉，沉迷享樂，也不乏一些政治上的失誤，比如輕易起兵，消耗了部分國力。

國內的大臣也都是一些碌碌之輩和小人，根本靠不住。其中的代表性人物，比如說節度使王昭遠，北宋與後蜀開戰後，孟昶派他去迎戰。他喝了酒，嚷嚷著自己的用兵才華，可以和三國時期的諸葛亮比肩。他還大言不慚地跟人吹牛說：「我這次去，何止只是抵抗敵軍？想必我帶著這些兵，把中原奪取下來也是易如反掌！」

王昭遠與其說是自視甚高，不如說是太過荒唐，但荒唐的不止他一人，還有孟昶的兒子孟玄喆。孟昶讓他去帶兵，去守劍門關，他就帶上自己的姬妾，又用車裝上一批樂器，還有十幾個演戲的人，這架勢反倒像是去遊玩，又哪裡有半分國難當頭的肅穆和緊迫呢？

期待這樣的人守住後蜀，無異于天方夜譚。說到底，這個政權還是太過年輕，根基也太淺，在最需要人才穩定國家的時期，國內卻人才匱乏，所以敗得這麼快。

我時常感慨，要是皇帝這個職業有退休制度就好了，那麼孟昶可以只做前期的皇帝，累了就傳位給別人。比如說唐玄宗，如果他在取得「開元盛世」的成就後立刻退位，不就是一輩子的好皇帝了嗎？「安史之亂」也根本不會發生。可惜人看過山頂的風景，嘗過權力巔峰的滋味後，很難主動去放手。

不是自古紅顏多薄命，只是她們的選擇太少

孟昶到了北宋後，被封為秦國公，但僅僅過了七日，就暴斃身亡。趙匡胤又追贈他為尚書令、楚王，諡號「恭孝」，但孟昶的死因卻眾說紛紜。但大多史學家都認為，孟昶是被趙匡胤毒死的。

花蕊夫人豔名遠播，又有才華，據說趙匡胤對她很感興趣，她剛到北宋，趙匡胤就借機召見了她，此後就魂牽夢縈，想方設法要得到她。但強佔他人的女人到底令人詬病，於趙匡胤的名聲不利，所以他為了達到目的便毒死了孟昶。也有另外一種說法，是說孟昶發現了趙匡胤的心思，然而他作為一個亡國之君，根本無能為力，所以他不堪受辱自殺了。

話說回來，孟昶去世後，趙匡胤賞賜了許多財物下去，花蕊夫人入宮謝恩時，就

被留了下來，成了趙匡胤的女人。花蕊夫人作為一個弱女子，為了安身立命，只能聽從。但趙匡胤對她的喜愛，更多是出於征服，更帶著獵豔心理，也許有一些欣賞，但談不上什麼尊重。

趙匡胤剛得到花蕊夫人的時候，帶她出席宮中宴會，聽聞她曾寫了許多宮廷詩詞，就讓她寫一些詩詞助興。花蕊夫人略一思索，吟出了一首《採桑子》：

初離蜀道心將碎，離恨綿綿，春日如年，馬上時時聞杜鵑。三千宮女皆花貌，共鬥嬋娟，髻學朝天，今日誰知是讖言。

這首《採桑子》寫於離開後蜀的路上，意思很淺顯，道出了亡國、被迫遠離家鄉的心酸。

花蕊夫人還解釋了一番這首《採桑子》的由來，說是以前在成都皇宮裡，孟昶譜寫了一首《萬里朝天曲》，蘊含了他對國家的美好希望，後來孟昶的另一個妃子李豔娘入宮獻舞，梳著高高的髮髻，為了討個好彩頭，美其名曰「朝天髻」，後來就被宮人們爭相模仿。

離開後蜀，前往汴京的路上，花蕊夫人忽然發現，那些花容月貌的宮女都梳著「朝天髻」，沒想到當初美好的祝願，應的卻是北宋。他們這些亡國俘虜，萬里去「朝天」，實在令人心酸感慨，然而這是花蕊夫人的角度，此時花蕊夫人吟來給北宋的皇帝和權貴們聽，又暗含了一些對趙匡胤的恭維，聽得後者心花怒放，對她也更加愛憐，不可謂不聰明。

趙匡胤見她有如此才華，又讓她現場寫一首新的，花蕊夫人略一沉吟，就寫出了後世著名的《述國亡詩》。前面提到過，也就是因為這首詩的傳世，後人才記住了名不見經傳的後蜀。

君王城上豎降旗，妾在深宮那得知？
十四萬人齊解甲，更無一個是男兒！

君王在城牆上豎起降旗，我一個女人在深宮哪能知道呢？十四萬將士竟然齊齊放下了他們的兵甲，根本沒有一個將士有男兒郎該有的血性！

花蕊夫人這首詩，不卑不亢，有亡國的悲痛，也道出了一個女人的無奈，不乏為了歷史上那些有名的「紅顏禍水」開脫的意思，比如楊玉環、褒姒、趙飛燕等人。薛雪在《一瓢詩話》中評價了這首詩：「落句雲：『十四萬人齊解甲，更無一個是男兒。』何等氣魄？何等忠憤？當令普天下鬚眉一時俯首。」

有時候我在想，如果花蕊夫人不是因為這首詩，恐怕更會被世人指責。皇帝不給力的時候，總會有人怪他身邊的女人纏著他不務正業，好像一個女人是否賢慧就能決定天下興衰，但這不過是自欺欺人而已，想必當初就算沒有楊玉環，也會有李玉環、周玉環出現。

這首詩一出，趙匡胤對花蕊夫人的欣賞和愛憐又多了幾分，並且沒過多久，他就把花蕊夫人正式封為了貴妃，每次下了早朝都會去她的宮裡，與她一起喝茶、賞樂。

至此，花蕊夫人開始了在北宋的新生活。我想如果花蕊夫人能夠選擇，也許不會留在北宋皇宮，可惜她不僅是女人，更是俘虜，除了委曲求全別無他法。或許有人會說，還有寧為玉碎這條路可走，跟殺夫仇人在一起，實在可恥。但一個女人尊重生命，努力活下去自然也不是錯。現代社會總是宣揚生命高貴，一些國家的法律更不允許自殺，自殺未遂還會被判處監禁和罰金。

換另一件事來對比，後來的「靖康之恥」，北宋亡國，宋徽宗和宋欽宗兩人被金國俘虜，咬牙在萬般羞辱中活了下來。同樣是尊重生命，兩個皇帝都能夠這般忍辱偷生，花蕊夫人一個女人為何不能呢？

但不得不承認，花蕊夫人在北宋過得並不快樂，她還想念著孟昶。她按照記憶親手畫下了孟昶的畫像，懸掛在牆壁上，還給他點了香燭，以此來睹物思人。有一次，她正在供奉孟昶時，被趙匡胤撞了個正著，但趙匡胤沒認出來，就問花蕊夫人畫中人是誰。花蕊夫人慌得不行，但很快想到了辦法，就推脫說這是蜀地人人都知道的張仙畫像，供奉他可以求得子嗣，也是蜀地的民俗。趙匡胤聽了後，不僅沒有追究，還表示她的供奉太簡陋了，可以移去靜室。

宮中的妃嬪們聽說了這件事，紛紛前來臨摹張仙畫像，拿回去供奉。後來，畫像從宮中流傳到了民間，民間女人為了求子，也紛紛效仿。

然而這件事，最後還是被揭穿了。趙匡胤得知真相後，逼迫花蕊夫人交出孟昶的畫像，花蕊夫人卻抵死不從，趙匡胤大為憤怒，一劍刺了過去，結束了花蕊夫人的性命。她的鮮血染紅了院子裡的芙蓉花，淒美無比，後來人們為了歌頌她對愛情的至死不渝，還稱為她「芙蓉花神」。

只不過，花蕊夫人的死也是一個千古謎團，上面的結果只是其中一種說法。還有另外一種說法，但男主角不是趙匡胤，而是他的弟弟，也就是後來的宋太宗趙光義。

某一次打獵時，趙光義誆騙花蕊夫人為他折花枝，隨即趁這個機會，一箭射死了花蕊夫人。趙光義殺花蕊夫人，相傳有三種不同的原因：第一種，花蕊夫人介入了北宋的朝廷鬥爭，在立太子的問題上，不小心觸犯了趙光義的利益，被他記恨；第二種，則是趙光義為了北宋的江山社稷，狠心除掉了哥哥身邊的紅顏禍水；第三種，趙光義喜歡花蕊夫人，出於嫉妒和不甘，得不到花蕊夫人就選擇毀掉她。

影視劇中偏愛第三種解釋，還能和趙匡胤的死結合到一起，因為野史中提到，趙匡胤死於趙光義的謀權篡位。顯然兩個皇帝為了一個女人撕破臉皮，互相殘殺，比較富有戲劇性。不過這些故事，正史均沒有記載，只出現在了野史逸聞中，事情真相如何，到如今已經撲朔迷離。只是不管哪一種，都令人不由自主地感懷這個可憐女人的命運，隨波逐流，身不由己。想必無數個午夜夢回，花蕊夫人都在思念那個真心寵愛她的孟昶，以及在後蜀無憂無慮的生活。

李煜的一首詞《望江南》（一作《憶江南》）放在她的身上，也非常合適。

多少恨，昨夜夢魂中。還似舊時游上苑[55]，車如流水馬如龍。花月正春風。

有太多的遺憾，都在昨夜的夢中。夢裡回到了故國，好似還在園林裡遊玩打獵，車馬絡繹不絕，長長的隊伍氣勢浩蕩。花開時節，繁花似錦，春風撲面，那旖旎的風光多麼令人難以忘懷啊。

花蕊夫人的悲劇，是封建社會中千千萬萬女人的一個縮影，只是她的故事看起來比較夢幻。傾國傾城的美人引得皇帝念念不忘，又令趙光義因愛生恨，有幾分浪漫主義色彩，但這幾分浪漫遮蓋住了底下的本質問題。花蕊夫人從頭到尾都是被動接受命運，毫無選擇的餘地，一直被局勢推著走。

局勢好的時候，她是貴妃；局勢差的時候，她成為俘虜。當權者喜歡她，她可以

55 上苑：封建時代供帝王玩賞、打獵的園林。

再當貴妃；當權者被惹怒，她就會被奪走性命。

故事裡的幾分留白，道盡心酸。但是話說回來，花蕊夫人也算是人生贏家，在不允許女人從事工作的封建社會，她已經有了不錯的歸宿，一輩子吃穿不愁，生下了子嗣還能穩固自己的地位。就算成為俘虜，她也過得比其他女人好，然而這單靠美貌換來的憐惜，與柔福帝姬的遭遇其實相差無幾，只是花蕊夫人運氣好，遇到了一個最初待她相對寬厚的男人。

然而，還有更多的叫不出名字、被淹沒在了歷史塵埃裡的普通女人。比如皇宮裡的那些宮女、妃嬪、貴女，亡國後，她們或是被賞賜給了官員，或是進入掖庭當奴婢，或是進入教坊司做官伎，除了隨波逐流，她們毫無辦法。

到了太平天國崛起時期，掌權者洪秀全宣揚男女平等，女人們頓時被注入了十足的活力。

她們渴望自由、渴望平等、渴望擁有不一樣的新生活，她們去做男人做的粗活，扛木頭、修房子、考功名，甚至從軍。也因此，太平天國擁有了一支一度達到十萬人之多的女兵，上了戰場後，她們巾幗不讓鬚眉，作戰能力根本不輸於男兵，甚至更加勇猛，更加有血性。後來太平天國戰敗，她們沒有一個願意成為俘虜，集體自焚，非常悲壯。可惜，太平天國宣揚男女平等只是為了鞏固新生政權，實際上掌權者比清廷更加荒淫腐朽。

由此可見，古代女人只是被壓迫剝奪了太長時間，沒有機會選擇罷了，只要看到一點希望，她們就會抓住不放。我想要是花蕊夫人有機會的話，一定也能活得更加精彩，而不是把命運交付到他人的手裡，一輩子身不由己。

相傳，陸游的母親非常強勢，連起名字都是她拍板。比如，陸游還沒出生時，有一晚，陸母夢見了自己的偶像秦觀（字少游），就決定給孩子起名陸游。有這樣強勢的母親，家裡的婆媳關係自然不太好。陸游的妻子唐婉過門後，兩人相親相愛，又有相同的文學愛好，可這引起了陸母的不滿，覺得她影響了陸游上進。過了一年，唐婉一直不孕，陸母越發不滿，以死威脅讓陸游休妻另娶。

過了十幾年，陸游去沈園遊玩，偶遇了唐婉，唐婉已經再嫁他人為婦。陸游想起以前兩人琴瑟和鳴的日子，潸然淚下，然而兩人再也回不到從前了。離開之前，他在沈園的牆壁上寫下了一首《釵頭鳳》：

紅酥手，黃縢酒，滿城春色宮牆柳。東風惡，歡情薄，一懷愁緒，幾年離索。錯，錯，錯！春如舊，人空瘦，淚痕紅浥鮫綃透。桃花落，閑池閣，山盟雖在，錦書難托。莫，莫，莫！

唐婉看到後，哀傷不已，就在下面回了一首詞，暗藏了自己想要說的話，道盡了心酸和不甘。這首詞，同樣是用《釵頭鳳》的韻律格式所填：

世情薄，人情惡，雨送黃昏花易落。曉風乾，淚痕殘，欲箋心事，獨語斜闌。難，難，難！人成各，今非昨，病魂常似秋千索。角聲寒，夜闌珊，怕人尋問，咽淚裝歡。瞞，瞞，瞞！

小周后

跟著姊夫受委屈的愛情替身

被冤枉是第三者，都怪後人亂猜測。
娥皇女英被稱讚，她卻總是要挨罵。
榮華富貴可以共用，困境艱難也能陪伴。

姊姊小檔案

小周后（950 年～ 978 年），名不詳，南唐司徒周宗次女，周娥皇（大周後）之妹。她容貌美麗，有才情，創作《擊蒙小葉子格》一卷，是葉子戲規則的早期記錄。

封建社會的君王們，總是有三千後宮佳麗伴著，豔福真的不淺。女人們想要見皇帝一面，總是各種爭風吃醋，望穿秋水，還要苦苦地等著皇帝翻牌子，其中也不乏那種連皇帝一面都見不到，就寂寞老死在宮裡的女人。但歷史上也有那種集萬千寵愛於一人的幸運兒，比如「體輕能為掌上舞」的趙飛燕，比如「回眸一笑百媚生」的楊玉環，還有以十七歲年齡差，從保姆到皇貴妃，被皇帝專寵了一輩子的萬貞兒。

五代十國時期，小周后也十分受南唐後主李煜的喜愛，她想要的各種東西，李煜都盡量滿足，送到她面前去，榮寵無限。只是跟之前提到過的那些女人不同，她們都是因為自身的某些原因，得到了皇帝的青睞，小周后卻是因為一個人——大周后。

說起來也有些狗血，大周后是小周后的姊姊，她去世之後，后位空缺，李煜就找了大臣們商議，最後讓小周后當了國后。小周后進了宮後，不管是物質上還是精神上，都得到了最高的享受，李煜對她比大周后還要好。只是這些「好」上，多少帶了一些彌補大周后的意思。

不過最令人無語的還不是成為替身這事，小周后之所以出名，更多是因為「姊妹爭寵」和「小三上位」這兩個汙名化的標籤。想必光是看到這些字眼，大家腦海中就浮現了一齣俗套的言情大戲，後世的影視劇作裡，也理所當然地用了這些元素進行再創作，小周后心機深沉的形象更是深入人心。

不管是古代還是現代，小三都讓人十分不齒，更別提這個小三一臉無辜地氣死了原配，簡直是小三中的極品。但有時候，是非曲直沒有那麼容易下定論，如果一定要為小周后洗白，大概只能把男主角李煜先拖下水，再撥開那些似是而非的所謂真相吧。

願得一心人，她自小憧憬相濡以沫的愛情

史書上記載了大周后的小字，叫作娥皇，卻沒有明確記載小周后的名字。曾經有臺灣的一位元史學家根據大量資料以及實地走訪，考證出小周后名嘉敏，小字女英。姊妹倆的小字，都源自中國古代的神話傳說故事。

相傳帝堯有兩個女兒，大女兒名為娥皇，小女兒名為女英，她們聰慧、善良、正義，身上具備了許多美好的品質，因此一直都是詩人畫家們青睞的對象。兩人一起嫁給了舜為妻，成為他的賢內助，多次以聰明才智幫助舜化解危機，輔佐他登上了帝

位。只是後來，舜在巡視國土的路途上不幸身亡，娥皇、女英得知後就找了過去，在他的墳前哀傷地哭泣，最後甚至跳入了波濤滾滾的湘江裡，化作湘江女神。沾了她們淚水的竹林，因此多了一個美麗的稱呼，叫作「湘妃竹」。

不管是娥皇還是女英，兩人的形象都非常好，甚至滿足了後來的烈女操「貞女貴殉夫，舍生亦如此波瀾誓不起，妾心古井水」的論調。後來的人，不管是給女兒起名「娥皇女英」，還是把姊妹共侍一夫的情形稱為「娥皇女英」，都是一種美好的祝願。所以說，小周后叫女英的可能性非常大。

周家父親起名字的時候，大概也沒想到後來兩個女兒都嫁了同一人，但不同於神話故事中的美好，周家姊妹倆的故事一般都被視為反例。不為別的，只是因為小周后的登場不太光彩，而大周后和李煜的愛情又太淒美動人。

故事還要從大周后說起。大周后的父親是周宗，史料中對他的記載很少，他的名氣主要來源於兩個做了國后的女兒。周宗退休時，官位最高做到了司徒，在古代司徒是個很重要的官職，是「三公九卿」的三公之一，正一品大員。比如說三國時期，三公分別是太尉、司徒、司空，當時曹操挾天子以令諸侯，他的職位就是司空。而唐朝時期，李世民又把這個職位改成了戶部尚書，雖然以上兩個時期和南唐都相隔較遠，但都可以作為一種參考。

也就是說，大周后和小周后都是高門之女，從小生活環境優渥，得到了良好的培養，兩人不管是外貌還是才情，都相當不錯。周宗退休時，李煜的父親元宗做主，把大周后嫁給了還是吳王的李煜，幾年後，李煜繼承皇位，大周后就成了國后。

李煜這個皇位，說起來也是陰錯陽差。元宗一開始屬意的人選是長子李弘冀，李弘冀頗有軍事才能，但性格嚴苛多疑。他第一個猜忌的對象，就是弟弟李煜。眾所周知，李煜無心皇位，一門心思都放在文學藝術上，那麼李弘冀為什麼要猜忌他呢？這跟李煜的外貌有關。

李煜天生重瞳，顧名思義，就是說一隻眼睛裡有兩個瞳孔。

這種情況很罕見，有些駭人聽聞，雖然現代醫學給出的解釋是由於瞳孔發生黏連產生了畸變，但古代相術卻認為這是一種吉兆，重瞳之人都將做出一番豐功偉績，也算是帝王的象徵。

這麼說的依據就是之前出現的重瞳例子，比如說倉頡，原始象形文字的創造者；

舜，三皇五帝之一；項羽，推翻秦國暴政的西楚霸王；高洋，北齊的開國皇帝。不得不說，個個都是鼎鼎大名。

古代人一貫都迷信吉兆、預言這些東西，所以李弘冀一直都把李煜看作一顆眼中釘。李煜沒有辦法，為了避讓李弘冀的鋒芒，他完全不參與政治，平時就看看書寫寫詩詞，偶爾禮佛，他還給自己起了號，叫作「蓮峰居士」「鐘峰隱者」，就差把「我對皇位沒興趣」這幾個字寫在腦門兒上了。

李弘冀天生冷血，睚眥必報，為了爭奪皇位不擇手段。當時元宗重用自己的弟弟李景遂，把政務託付給李景遂處理，李弘冀和李景遂明爭暗鬥多年。後來，李弘冀因為軍中威望甚高成功當了太子，此後他做的第一件事，就是對叔叔李景遂下手，找到機會毒殺了他。

李弘冀下手之俐落，可想而知，要是李煜表現出一點爭奪的態度，必然又是一番血雨腥風，不得不說，李煜很有先見之明，他的小心謹慎救了他一命。但李弘冀命薄，這件事過後沒多久就病逝了，據說還是被叔叔的魂魄給嚇死的。

元宗調查出弟弟的死因後，對血親相殘的事情感到頭疼，對比之下，他反而對無心皇權的李煜生出了不少好感，再加上他一貫欣賞李煜的文學才華，而李煜在餘下的幾個兒子裡也比較出眾，於是，經過一番斟酌後，他讓李煜當了太子。

李煜的才名舉世皆知，更被譽為「千古詞帝」，但少有人知道，他受了元宗很大的影響。

元宗名李璟，具有不俗的文學素養，除了當君主，他的愛好就是寫詞，每逢有什麼宴席，他喝了酒就詩興大發，提筆就要寫幾句。他不光能寫，還有千古名句傳世，比如那句有名的「細雨夢回雞塞遠，小樓吹徹玉笙寒」，想必大家都耳熟能詳。

劉毓盤在《詞史》中給了他一個很高的評價，「言辭者必首數三李，謂唐之太白，南唐之二主與宋之易安也」。南唐二主，指的就是李璟和李煜父子倆。因為李璟的薰陶，他的幾個兒子在詩詞上都有一定的造詣，其中最不凡的便是李煜。

話說回來，李煜和大周后的婚後生活，非常甜蜜。大周后的優秀是全方位的，她文學修養好，能歌善舞，下棋采戲也不在話下。不過最專精的地方還是藝術方面，她會寫樂曲，還彈了一手好琵琶。當年元宗的壽宴，大周后以賀壽為名演奏了一曲琵琶，驚豔四座，元宗對她大為讚賞，當時就賞賜了燒槽琵琶給她。

這個燒槽琵琶，有個典故。我們都知道，焦尾琴是古代的四大名琴之一，根據史料記載，焦尾只是一種制琴的方法，以火燒熱桐木會讓它音域寬廣，發出的聲音也悅耳動聽，而燒過的桐木色澤也會變得焦黑。東漢名臣蔡邕就是用這個方法做出了名動天下的焦尾古琴，但因為失敗率太高，沒有什麼傳世之作留下來。宗賜給大周后的這個琵琶，是採用了相同的方法製作而成的，所以這個燒槽琵琶，也可以用「焦尾琴」來稱呼。

大周后因為這次演奏，給元宗留下了深刻的印象，所以等李煜到了娶妻的年齡，元宗就想起了大周后這個人選。考慮到大周后的品行才情還有家世，都堪為良配，就給兩人賜了婚。

古代能自主的婚姻太少，尤其是在皇室，可以說是皇帝的一言堂。比如還珠格格的原型固倫和孝公主，乾隆皇帝最寵愛的小女兒，被賜婚給了大奸臣和珅的兒子，最後就是一齣悲劇，而且清朝還不允許公主改嫁。這不是說乾隆坑女兒，只能說世事無常，他想不到後面會發生什麼事。相比之下，大周后和李煜就是無比幸運的一對，雖然不至於盲婚啞嫁，卻也是難得的天作之合。

李煜非常寵愛大周后，對她有求必應，幾乎是專寵。其實男女之間的感情，很難一直保持最初的激情，但據說大周后這個奇妙的女子，讓李煜在跟她的相處中每天都保持了新鮮感。她不僅有才情，還很有生活情趣，比如說，她是個時尚達人，化妝技術高超，還有自己的獨特見解。她閒暇時就研究化妝，創造了很多令人眼前一亮的新妝容，引領了後宮的時尚潮流，李煜每每見了都驚豔不已。

大周后跟李煜也有共同的愛好，兩人在一起采戲、下棋，或者研究音樂。記載中寫道，有一次，兩人在雪夜中喝酒，興致來了，大周后就攛掇著李煜跳舞。李煜思索了一下，就說：「要我跳舞可以，但你要給我寫一首新曲。」大周后隨手就哼唱了出來，提筆記錄下來，即是《邀醉舞破》。後來她還創作了別的樂曲，又收集了殘缺的法曲經典《霓裳羽衣曲》。她和李煜將之重新補齊、修訂，成了新的樂曲，風靡了南唐。

這個時期，李煜極其快活，他的心情也體現在了他的作品之中，比如這首《漁父》。

一棹春風一葉舟，一綸繭縷[56]一輕鉤。花滿渚[57]，酒滿甌，萬頃波中得自由。

在一片暖意的春風裡劃著長槳，乘著一葉小舟，到江上釣魚。看著那沙洲上的鮮花，喝著一壺小酒，在無邊無際的水面中，何等瀟灑自由！這首詞的意思很淺顯，看起來也輕鬆悠揚，十分愜意。

還有這首《玉樓春》——

晚妝初了明肌雪，春殿嬪娥魚貫列。鳳簫吹斷水雲間，重按霓裳歌遍徹。臨風誰更飄香屑？醉拍闌干情味切。歸時休放燭光紅，待踏馬蹄清夜月。

這首寫於南唐的全盛時期，描寫的是宮廷宴會的盛大場面，那些美麗的歌舞姬、精美的妝容、歌舞的排列……從細節到整體，撲面而來的奢華旖旎之感。

56 綸：比較粗的絲。《五代名畫補遺》中誤作「輪」。綸：釣魚用的粗絲線。繭縷：絲線，這裡指漁弦。繭，繭絲。

57 渚（ㄓㄨˇ）：水中間的小塊陸地。

說起來，大周后跟楊玉環也有幾分相似，同樣的有才情、懂藝術、有生活情趣，不過李煜對她的寵愛始終控制在了安全範圍內，沒有因她破格去做什麼，所以朝廷上下都沒有二話，這是她區別於楊玉環的地方。而沒有那些讓人煩躁的外界因素，她和李煜的小日子過得非常滋潤。

話說回來，大周后嫁給李煜時，小周后只有五歲，姊妹倆有十四歲的年齡差。小周后性格討喜，不僅經常進出皇宮，還得到了太后的喜愛。從這裡可以見得，大周后很看重自己的幼妹，兩人關係很不錯，否則小周后不會有那麼多機會到皇宮玩耍。

兩人恩愛了九年，小周后似乎也成為兩人愛情的見證人。而隨著年齡增長，她也到了對男女感情有所幻想的年紀，大周后和李煜的感情狀態、相處模式對她的影響想必很大，這也形成了她心中的愛情雛形。

但如果要說，她在這種羨慕之下產生了第三者插足的想法，最後導致了大周后的悲劇，可能性不大。

大周后在二十九歲時得了一場大病，她害怕把病氣過給四歲的次子，就把次子放到別院撫養。沒想到，次子在別院裡意外夭折，大周后也因此大受打擊，病情加重。

李煜為此焦慮憂心，朝夕陪伴在大周后身邊，但凡餵她喝藥，他還要先嚐嚐。

大周后清楚自己的身體狀況，明白自己時日無多。去世前三天，她跟李煜告別時，說了一番話，大概意思是，她非常幸運能遇到李煜，他給了她一個女人最大的殊榮。她即將離世，唯一的遺憾，就是沒有辦法繼續報答他的情感。三天後，她沐浴更衣，在口中含了一塊玉，安靜地離開了人世。

小周后在這裡又扮演了什麼角色呢？據說，大周后重病時，小周后以探病的名義經常出入宮中。這時小周后五官已經長開了，國色天香，李煜一見就怦然心動，背著大周后跟她暗通曲款，還寫了詞記錄了兩人的幽會。

後來有一次，小周后去看大周后，大周后問她什麼時候來宮裡的，小周后回答說來了有好幾天了。妹妹來了皇宮，卻不是為了看望她，那是為了什麼呢？大周后明白過來後，氣得七竅生煙，直到去世都沒有再看小周后一眼。

李煜寫的這首詞叫《菩薩蠻》。

花明月暗籠輕霧，今宵好向郎邊去。剗襪步香階[58]，手提金縷鞋。畫堂[59]南畔見，一向[60]偎人顫。奴為出來難，教君恣意憐。

淡淡月色下，繁花錦簇，這良辰美景正好去與你相見。小心翼翼地提著金縷鞋，只穿著襪子一步步上臺階。在宮殿的南邊終於見到你，偎依在你懷裡，對偷偷出來還心有餘悸。你可知我出來見你一次有多難，郎君你一定要好好憐惜我。

先前提到過，我認為這件事不合理。第一，大周后臨終前跟李煜告別，從她的遺言中可以看出，兩人感情十分深厚，還有著因為無法陪李煜白頭到老的遺憾。如果李煜真的和小周后幽會，大周后不可能毫無芥蒂。第二，大周后的重病期，李煜一顆心都系在她身上，衣不解帶地照顧陪伴，這種情況下怎麼還會有心思跟小周后幽會呢？

58 剗（ㄔㄢˇ）：《全唐詩》及《南唐書》中均作「衩」。剗，只，僅，猶言「光著」。剗襪，只穿著襪子著地。唐《醉公子》詞中有：「剗襪下香階，冤家今夜醉。」步：這裡作動詞用，意為走過。香階：臺階的美稱，即飄散香氣的臺階。

59 畫堂：古代宮中繪飾華麗的殿堂，這裡也泛指華麗的堂屋。

60 一向：一作「一晌」。一向，同一晌，即一時，霎時間。

大周后去世後，李煜形容枯槁，瘦到脫形，需要拄著拐杖才能站立，從這個狀態可以看出他悲痛的程度。以上兩點和幽會一事，從本質上來說是相矛盾的。第三，李煜是個癡情人，卻不是個專情的人。記載中，李煜的後宮裡，光是有名有姓的女人都有十個，所以他在古代皇帝裡都可以算是風流的。由此可見，他在喜愛大周后的同時，也會分心給其他女人，大周后很清楚這一點，所以就算他和小周后暗通曲款，大周后也不至於大受打擊。

小周后在這個時期才十五歲，在三十歲的李煜眼裡，就算天姿國色，有了大周后的對比，她也只是一棵不成熟的「豆芽菜」。再說，小周后在良好的環境下正常長大，又經常跟大周后有所交流，從正面角度來看，她不是一個心機深沉的女孩子，儘管羨慕姊姊和姐夫的感情，卻不至於主動背叛姊姊。

況且，在封建社會的大背景下，姊妹共侍一夫並不少見，大周后明知道自己時日無多，如果發現了李煜和小周后的私情，在家族需要有人延續榮耀的情況下，她也許不僅不會阻止，還有可能給小周后創造機會。

最後，關於這個故事，馬令記載到了《南唐書》裡，宋代的文人龍袞則記錄到了

《江南野史》中，後來陸遊新編的《南唐書》，沒把這件事作為正史記載，而是收錄到了逸事裡，可見他對這件事的真實性也心存疑慮。

馬令版本的《南唐書》對這件事考證的依據，是我上面提到的《菩薩蠻》這首詞，他認為這首詞描寫的情形就是小周后和李煜幽會的情形，但實際上《菩薩蠻》的創作背景和主人翁都不確定，也有可能是李煜寫給其他女人的，而且虛實相交或者純粹虛構的創作手法，從古至今都不少。

只是，後來明朝文人編寫的《花草粹編》和清朝文人編寫的《古今詞話》都採用了馬令的這個說法，直接把李煜寫的三首《菩薩蠻》都標記上了「與周后妹」這個題目，進而保留到了現在。

她終於來到他的身邊，哪怕只是作為替身

小周后來到李煜身邊，已經是四年以後。這四年裡，李煜先後經歷了大周后去世、太后母親去世，連遭打擊。喪期過後，後位空缺已久，他就跟大臣們商議了一

下，選定了小周后。

李煜見過小周后多次，可見對她印象不錯，而且因為姊妹關係，她和大周后的相貌有幾分相似，李煜可以睹人思人。小周后的家世背景、自身素養都很合格，大臣們對這個人選沒有異議，封后儀式很快就提上了章程。

婚後，兩人過得很舒服。此前提到過，小周后算得上是大周后和李煜愛情的見證人，這應該也是她對兩性關係最初的認識和憧憬，因此，她心裡清楚與李煜最舒服的相處模式是什麼樣的。

說起來，小周后和大周后的相似之處不少，從史料中來看，她們同樣長得國色天香、同樣擅長音律、同樣有生活情趣。音律方面，小周后沒有大周后出色，只是作為一個小愛好存在，因此史料中沒有多少記載，但她的生活情趣，卻有很多方面能夠體現出來。

比如，到現在都還有名的天水碧，就跟小周后有莫大的關係。據說，小周后非常喜歡青碧色，她的生活用品，比如說起居室的色調、衣裳首飾，還有一些擺件，都是青碧色。

有一次，一個宮女染了一匹絹，曬在院子裡，晚上卻忘了收。誰知道一夜過去，絹上染了露水，竟然有了奇妙的效果，這匹絹的色澤更加鮮豔美麗了。宮女把這匹絹獻給了小周后，小周后驚喜不已，愛不釋手，此後就常用這種顏色。而受到小周后的影響，妃嬪宮女都嘗試用露水給衣服染色，這種顏色因此也有了「天水碧」這個名字。

比如，小周后對香料有所研究，親自做了焚香的器具，生活裡用香也很精細。白天在宮殿裡焚香，她安坐在白煙嫋嫋中，又香又仙，如雲端神女。夜晚就在帳中焚香，便於安睡，那些氤氳的香氣散發出來，又被稱為「帳中香」。

再比如，小周后對茶道也頗有心得，想出了新的用法，加工改制了茶葉，煮了後格外芬芳。李煜非常喜歡，而且受到她的啟發，他收集了許多香味不同的食材，將之做成菜肴或者點心，皆是香味撲鼻。他偶爾會設宴請大臣們來品嘗，後來就成了有名的「內香筵」。

可以見得，同樣是享受生活，李煜和小周后的境界都跟別人不一樣。兩個人更明白生活的真諦，願意花心思去探求生活中的美好。所以兩人婚後一拍即合，李煜也漸漸從失去大周后的消沉中走出來，擁抱新生活。

李煜對小周后的寵愛，已經超過了大周后，但這不是說他更喜歡小周后。這一點，從李煜傳世的作品裡不難看出。他前期的詩詞，跟大周后息息相關，不少都是為大周后創作，記錄兩人的宮廷生活，比如《書琵琶背》《挽辭二首》《昭惠周后誄》《玉樓春》等，但卻沒有關於小周后的明確的作品，只有那三首背景不明、至今存在爭議的《菩薩蠻》。

李煜對小周后的感情比較複雜，既有男女之愛，也帶了補償性質，所以一些沒有辦法明說的情感，都化作了物質給予了小周后。他會用各種奢華物件裝點小周后的宮殿，在窗格上鑲嵌綠寶石，用金線織成的羅帳裝飾牆壁，又種了許多她喜愛的梅花，諸如此類。

只可惜，平常百姓都感慨「人生不滿百，常懷千歲憂」，更何況是一國之主。溫馨快活的日子並不長，眼看北宋崛起，滅了南漢，劍指南唐，巨大的焦慮和恐慌在李煜心裡蒙上一層濃厚的陰影。李煜是個文人，喜歡用詞來記錄生活和心情，《清平樂》這首詞就是寫在這個時期。

別來春半，觸目愁腸[61]斷。砌下[62]落梅如雪亂，拂了一身還滿。雁來音信無憑，路遙歸夢難成。離恨恰如春草，更行更遠還生。

距離上一次的分別，已經過去了半個春天，任何景色映入眼簾，帶來的只有無邊的愁緒。臺階下那潔白的梅花如飄落的白雪一樣紛亂，從身上拂去之後，很快又落了滿身。歸來的大雁並沒有帶來什麼音信，我們相隔千山萬水，就算在夢中也難以相見。唉，離別的愁苦就好似那春天的野草，無論走到哪裡，它都如影隨形。

西元九七一年，北宋滅了南漢後，在漢陽屯兵，不久後又在荊南建造了千艘戰艦。荊南這個地方就在南唐旁邊，距離南唐很近，北宋圖謀的是什麼可想而知。

李煜早就向北宋俯首稱臣，建立起了從屬關係，但這次他從北宋的舉措中聞到了危險的味道，再次往後退了一步，企圖保全南宋。李煜主動降制，除唐號，改稱江南國主，又派了弟弟李從善去給北宋上供。北宋皇帝雖說同意了他的請求，卻把李從善

61 愁腸：憂思鬱結的心腸。
62 台階下。

扣留在了那裡，態度耐人尋味。

「作個才子真絕代，可憐薄命作君王」，用這句話來形容李煜再合適不過了。後人每當想起李煜都嗟嘆不已，驚嘆於他的文學才華，又遺憾於他身為皇帝的軟弱無能。但其實，宋朝統一中原是大勢所趨，就算再給他幾個能臣猛將，也很難守住南唐。

五代十國跟南北朝很相似，同樣的分裂、混亂。政權頻繁更迭，戰事連綿不絕，就只拿南北朝裡的劉宋來說，從他們建立政權到被推翻，只有短短六十年。而在這六十年的時光裡，先後有九個皇帝登基，而且大多是暴君。這種混亂在整個南北朝只是冰山一角，五代十國也差不多可以與之相比。

五代十國，指的是先後佔據中原地區的五個政權，以及中原之外十個較小的國家。宋太祖趙匡胤建立北宋後，五代宣告終結，他站穩腳步後，立刻開始對付周圍的幾個小國家，先後滅了荊南、武平、後蜀、南漢……正所謂唇亡齒寒，李煜察覺到了危險，卻無法阻止危險降臨。

元宗留給李煜的，是個爛攤子。南唐的大好局勢都是被元宗敗光的，說起來，元宗的老爹死之前，拉著他語重心長地囑咐了一番，說以後要以民為本，跟鄰居搞好關係，不要隨便打仗，不然中原的國家就要乘虛而入。

結果元宗一上位，就把老爹的叮囑忘得一乾二淨。他開始征戰四方，本來想搶點地盤，結果跟一小國家打得正火熱時，旁邊的南漢抓住了機會，漁翁得利。南唐元氣大傷，還沒緩過來，旁邊的後周又氣勢洶洶地打了過來。南唐被後周教育了三次，實在無力反抗，只能裝起了鵪鶉，老老實實地給後周上供，還除去了帝號。這也是為何李煜繼位後，不能算皇帝，只能算國主的原因。

這個後周，是北宋的前身。趙匡胤發動兵變，它才搖身一變成了北宋。李煜給北宋上供，不是他不爭氣，他只是延續老傳統罷了。大勢所趨之下，李煜只能消極守業，當前的國力也無法提供一個成為「中興之君」的基本條件，不過他為南唐爭取了不少安寧的時間。

細數李煜繼位後的一些舉措，重視科舉、任用賢臣，發展經濟和民生。對他來說，臣服北宋只是權宜之計，不意味著束手就擒，任人捏扁搓圓，他早就暗自養兵，做好了最後開戰的準備。他的那些舉措，都取得了不錯的效果，只可惜北宋來勢洶洶，李煜沒有時間也沒有空間做得更多。

所以說，每當李煜被嘲諷軟弱無能，我都按捺不住想要反駁，想要告訴他們不是那樣的。李煜只是識時務而已，他的選擇為南唐爭取了很多時間，國內的政務也在能力範圍內做到了最好，只是對時代大趨勢無能為力罷了。而且他仁厚愛民，如果換個太平的國家，他一定是個很好的守成之君。

所以後來，宋太宗趙光義才會有這樣的疑問：「李煜真的無能嗎？」南唐舊臣給了他答案，說：「如果他真的無能，怎麼可能守國十幾年呢？」後來北宋的禮部尚書徐鉉，在李煜的墓誌銘中寫了一句話，說李煜善良仁厚，不適合這樣的亂世，就算是諸葛亮在世，也很難保住南唐。雖然南唐亡國，但李煜也沒什麼好愧疚的[63]。

九七四年，北宋發兵攻打，南唐奮力反抗。奈何雙方實力懸殊，南唐難以支撐。九七五年，李煜兩次派出使臣求情，宋太祖趙匡胤只答覆了一句話，成了千古名言，他表示「臥榻之側，豈容他人鼾睡」。

63 徐鉉《吳王隴西公墓誌銘》：「以厭兵之俗當用武之世，孔明罕應變之略，不成近功；偃王躬仁義之行，終於亡國。道有所在，複何愧歟！」

九七六年，李煜投降，南唐宣告滅亡。李煜和小周后等人束手就擒，被押送到了汴京，李煜先被封為違命侯，後改封為隴西公，小周后被封為鄭國夫人。從此，兩人開始了俘虜的生活。

陪他走到最後，大概是她比姊姊更幸運的一點

俘虜的日子不好過。歷史上沒有什麼亡國之君能過得舒舒服服。夏朝覆滅後，夏桀和妻子妹喜被流放到南巢，最後雙雙餓死在山中；晉恭帝禪位給劉裕後，沒過幾個月，就被劉裕派人悶死在棉被裡；宇文化及發動兵變後，立刻讓人勒死了隋煬帝楊廣；唐哀帝被迫禪位給朱溫後，第二年，被朱溫派人毒死……可見，就算配合，這些亡國之君也會成為當權者的眼中釘肉中刺。

李煜到了北宋後，雖然有個爵位，衣食不愁，偶爾還能參加皇家的活動，但到底是個俘虜。一朝從雲端落到泥地裡，不僅無法保護身邊的人，每日還要生活在監視之中，其中滋味，大概也只有李煜和小周后才明白。

但作為一位詞人，李煜在這種絕境之下爆發了驚人的創作力，把自己的詞作推向了更高峰。他在這個時期的作品，隨便一首我們都耳熟能詳，讀起來就令人心情震盪，彷佛被帶入了那種無能為力的哀傷情境中。

我讀到南朝的《詩品》，發現有一句話可以拿來形容他的作品，非常貼切——文溫以麗，意悲而遠，驚心動魄，可謂幾乎一字千金。

比如這首《相見歡》——

無言獨上西樓，月如鉤。寂寞梧桐深院鎖清秋[64]。剪不斷，理還亂，是離愁。別是一般滋味在心頭。

在一片寂靜中獨自走上西樓，沉默不語。夜空上彎月如鉤，又到了多愁善感的秋日，院中只有孤零零的梧桐被深深籠罩在這蕭索淒涼中。我心裡的亡國之苦，說不清也道不明，那是沒人能懂的愁緒，彷若千絲萬縷，纏繞在我心頭。

64 鎖清秋：把秋天鎖在深院。清秋，明淨爽朗的秋天。

比如這首《浪淘沙令[65]》——

簾外雨潺潺，春意闌珊[66]，羅衾不耐[67]五更寒。夢裡不知身是客[68]，一晌貪歡。獨自莫憑闌，無限江山[69]，別時容易見時難。流水落花春去也，天上人間。

門簾外雨聲潺潺，春意已經衰殘，綢被根本就暖不了五更時的寒意。夢中的我還是那南唐的君王，仿佛重回當初自在愜意之時，讓人流連忘返，不願醒來。

獨處時，最好不要在那欄杆旁遠望，反正也見不到故國如畫的江山，反而會生出濃濃愁緒。

想來這人世間，離別總是容易，重逢卻太過艱難，就好似那隨著流水漂往遠方的落花，一朝在天上，一朝在人間，此去更是不知到了何方。

65 浪淘沙令：原為唐教坊曲，又名《浪淘沙》《賣花聲》等。唐人多用七言絕句入曲，南唐李煜始演為長短句。
66 闌珊：指春天已盡，春色將殘。
67 羅衾（音ㄑㄧㄣ）：綢被子。不耐：受不了。一作「不暖」。
68 指被拘汴京，形同囚徒。
69 江山指南唐河山。

再比如另一首《相見歡》——

林花謝了春紅，太匆匆。無奈朝來寒雨晚來風。胭脂淚[70]，相留醉[71]，幾時重。自是人生長恨水長東。

「只是人生長恨水長東」，人生總是有太多的遺憾和不甘，就像那東去的水一樣，永不停歇。不同的描述，不同的景致，所體現的愁思都是相同的。這三首詞，亡國之痛、囚徒之苦，在隻言片語中都被體現得淋漓盡致，有著震動人心的文字魅力。

言歸正傳，李煜的處境尚且如此，小周后也好不到哪裡去。作為一個天姿國色的美人，小周后陷入了古代豔照門中。

據說，北宋的當權者宋太宗趙光義，因為覬覦小周后的美貌，多次強行佔有了她。小周后身心俱創，每次回到居住的小院，就哭鬧著大罵李煜。趙光義還幹了一件

70 胭脂淚：原指女子的眼淚，女子臉上搽有胭脂，淚水流經臉頰時沾上胭脂的紅色，故云。在這裡，胭脂是指林花著雨的鮮豔顏色，指代美好的花。胭脂，一作「臙脂」，又作「燕支」。

71 相留醉：一作「留人醉」，意為令人陶醉。留，遺留，給以。醉，心醉。

羞辱人的事情，他在強幸小周后的同時，令畫師在旁邊觀看，讓其把這一幕給畫了下來，成了流傳甚廣的知名春宮圖。

不過，這件事的真實性存疑。歷史上最早有所記載，並不是在北宋，而是在兩個明朝人編寫的書籍裡，這幅圖在兩本書裡名字不一樣。此外，關於趙光義的相貌，這兩本書裡的記載與宋朝的記載也不符合。還有一個原因，趙光義這個人好面子，立志當一個賢明君王，就算這件事屬實，也不可能讓人畫下來。所以，後人推測這幅圖是元朝人偽造的，這也是現在的主流觀點。

另外，趙光義強幸小周后這件事，也存在爭議。雖然這個故事在宋朝民間廣為流傳，後來還被寫入野史逸聞裡，但正史沒有任何記錄。有人反駁了這個觀點，依據是什麼呢？依據是，小周后是個亡國的女人，不祥的象徵，趙光義不會沾染這種不祥的女人。

這讓我想起了陷入父子之爭的甯遠公主，她就是一個鮮明的例子。甯遠公主出生於南朝陳國，國破家亡後，她成了隋國掖庭裡的一個奴婢。如果甯遠公主相貌普通也就罷了，偏偏她長得天姿國色，隋文帝見了她一面就對她念念不忘，很快便顧不得自己那個霸道的妻子，把她據為己有。

當然，故事到這裡遠遠沒有結束，否則「不祥」和「禍水」的戲碼根本唱不下去。後來，隋文帝把她封為了宣華夫人，這個封號在歷史上想必比甯遠公主更有名，在隋煬帝楊廣於歷史上粉墨登場的第一場大戲中，她是不可或缺的角色。

隋文帝病危時，還是太子的楊廣就覬覦甯遠公主，甯遠公主反抗後立刻逃走。過後，她回去侍奉隋文帝，被隋文帝看出了一些端倪，就問她發生了什麼。甯遠公主哭著說「太子無禮」，隋文帝頓時明白過來，怒不可抑，立刻要召集大臣廢太子。誰知道不知怎麼走漏了風聲，楊廣快速做出了反應，又把宮殿裡的人換成自己人，隨後，宮裡傳來隋文帝駕崩的消息。

楊廣奪權成功，又派人給甯遠公主送了一個木盒，裡面裝著古代定情信物的首選——同心結，意思很明顯。甯遠公主一個漂泊無依的女人沒有任何辦法，為了活下去，只能從了楊廣。只是後來，這件事漸漸就變了味道，很多人把隋文帝的死乾脆歸咎到甯遠公主的頭上，說她是個不祥的女人，好像沒有她楊廣就不會繼位，隋朝就能千秋萬代一樣。

現在看來，這種說法根本站不住腳，但封建迷信的古人卻相信這一點，相信這些「不祥」的女人可以壞了一個人乃至一個國家的氣運。不管小周后是否真的被強迫失身，都不需要這種汙名化的開脫，這對她不具有任何意義。

從最後的結果來看，小周后不是一個委曲求全的女人，她只愛李煜，只願意從一而終。可同樣因為愛，她被強迫之後再去面對愛人，才會更加委屈。俗話說，人在屋簷下不得不低頭，李煜的身分不是客人，而是恥辱的亡國之君，他除了能寫詩作為消遣和寄託，對現狀束手無策，根本無力保護小周后。

其實以小周后的美貌，如果她想過得舒服，未嘗做不到。如果趙光義確實對她有想法，偌大的後宮總有她的一席之地，又或者委身於北宋的一些權臣，也不失為一種出處。比如以前同樣經歷亡國的甯遠公主和樂昌公主，她們一個進了隋文帝的後宮，一個被丞相楊素留在身邊，生活都過得還算不錯。再比如花蕊夫人，後蜀滅亡後，她同樣成了北宋的俘虜，後來趙匡胤看中了她，她也過了一段寧靜的日子。

然而，小周后的性子激烈而決絕，她或許從未想過這兩條出路，死心塌地地跟在李煜身邊。兩人在北宋艱難地度過了三年時光，九七八年七夕，李煜去世，終年四十二歲。小周后悲痛欲絕，沒過幾日，她也與世長辭，終年二十九歲。

關於李煜的死因，有不同的猜測，正史裡沒有記載，野史裡卻指出他的死，是因為一首詞激怒了趙光義。

李煜的生辰是七夕，這一天他在居住的小院聚集了幾個后妃一起過生日。喝了酒後，傷心事又浮上心頭，他就寫了《虞美人》來懷念南唐[72]，還譜了曲讓伎樂歌唱。趙光義知道後，震怒不已，下令責罰他們，又賜了牽機藥[73]給李煜。李煜服用了後，渾身抽搐，因為呼吸麻痹而死。

我們來看這首《虞美人》——

春花秋月何時了，往事知多少。小樓昨夜又東風，故國[74]不堪回首月明中。　雕欄

72 宋．王銍《默記》：「後主在賜第，因七夕，命故伎作樂，聲聞於外。太宗聞之，大怒。又傳『小樓昨夜又東風』及『一江春水向東流』之句，並坐之，遂被禍云。」

73 宋．王銍《默記》：「牽機藥者，服之前卻數十回，頭足相就如牽機狀也。」

74 指南唐故都金陵（今南京）。

玉砌[75]應猶在，只是朱顏改。問君[76]能[77]有幾多愁，恰似一江春水向東流。

春花秋月之景年復一年，時光什麼時候才能了結呢？過去的歲月裡，有太多心酸和無奈。昨夜登上樓閣，在清風裡，明月下，想起故國昔日的繁榮，只覺得不堪回首。昔日的皇宮裡，雕欄玉砌應該都還在，只是居住的人變了。如果你要問我心中到底有多少愁怨，大概就像那東去的江水一樣延綿不絕吧。

李煜和小周后最後的日子，想必不怎麼好過，他的情緒通過這些瑰寶詩詞幾乎破紙而出。其實關於兩個人的死，我也有所猜測，史料只記載了兩人的死，沒有說明為何而死。照理說兩人吃穿不愁，能影響身體狀況的只有心情，但兩人無病無災，突然死去，難免讓人多想幾分。

這些只是基於情緒的個人猜測，因為史料不足難以論證，不多討論。單單只看這

75 即雕花的欄杆和玉石砌成的臺階，這裡泛指南唐宮殿。
76 君：作者自稱。
77 能：或作「都」「那」「還」「卻」。

首詞，不得不說，在李煜同類型的詞中，這首《虞美人》的情緒最濃烈，從頭到尾充滿了一種對命運的哀嘆以及對現狀的厭倦，手法絕妙，很有藝術價值。不得不說，野史拿這首詞做文章，也有一定的立足點。

小周后去世時還很年輕，只有二十九歲，跟大周后一樣，也難怪後人把兩人說成最薄命的國后。楊玉環去世時為三十八歲，一生中順心順意的日子有十之八九，相比之下，大小周后就薄命太多，令人唏噓。

至於小周后，就算只拿大周后來跟她比較，她真正歡樂的時光也太過短暫。從她到李煜身邊到亡國，只有不到七年的時光，而在這七年裡，有大半時間南唐都處於緊迫的情勢中。這一點不同於「舞破中原始下來」的唐玄宗，直到國破的那一刻才醒悟過來，李煜是一直情緒焦慮。一個人的情緒對身邊的人會產生影響，想必小周后也能感受到幾分，可以見得，兩人基本上沒有多少縱情享樂的時光。

那麼，難道小周后一生中，只有遺憾嗎？我想不是的，從她對李煜的感情上來說，李煜生命的最後一刻，是她陪伴在他身邊，這是她比大周后幸運的一點。雖然她無法取代大周后在李煜心裡的地位，但從實際上來看，她已經得到了想要的東西。就算在現代社會，真正心靈相通的夫妻也只是少數，有幾個男人心裡沒個「白月光」呢？

在我看來，婚姻最好的形式有三種，第一種有熾熱的愛，這些愛可以讓你不在乎物質，但擁有攜手前進的動力，生活一直充滿了希望和激情；第二種有充足的物質，優渥的環境可以減少許多生活中的矛盾，或許沒那麼轟轟烈烈，但可以平穩地度過七年之癢、十年之傷，順利從愛情走向親情；第三種區別於前兩種，兩人是最相配的生活合夥人，平平淡淡地走到最後，也自有一番樂趣。

小周后是否明白李煜內心複雜的情感，其實不重要，李煜寵愛她，物質上全力滿足她，生活上他一直陪伴她，對她來說，這應該已經足夠。所以小周后回報給他的是全身心的投入，以及生命中的所有熱情，這樣決絕的一個女人，從沒想過退路，再艱難也不離不棄。

只是不知道，生命的盡頭，李煜是否讀懂了她的愛。如果能懂，即使小周后在那三年裡遭受了委屈，想必也能得到一些安慰。

李清照

寧願孤獨，絕不庸俗，她是世上少有的明白人

沒事就喝點小酒，一張口就是名句。
自在隨性愛生活，從小人美路子野。
二婚不幸又算啥，她敢掀桌子你敢嗎？

姊姊小檔案

李清照（1084 年～約 1155 年），易安居士，宋代女詞人，婉約派詞代表，有「千古第一才女」之稱。

真愛和生活之間，你會怎麼選？

年輕人懷著一腔熱血，總是會毫不猶豫地選擇真愛，然而後來漸漸發現，現實與想像中不同。被生活不斷拷打，被三姑六婆不斷催婚，最後不得不向生活低頭，選擇一個合夥過日子的物件。

婚姻中，可能會發生各種衝突，脾氣不合、價值觀相悖、出軌或者家暴……但又有各種理由讓人不得不按捺下來，想著忍忍也就過去了，這也是老一輩常掛在嘴邊的經驗。

憧憬著不將就，卻很難不將就。想要鮮衣怒馬、詩酒年華的生活，到頭來卻只能擁有充滿雞毛蒜皮、家長里短的生活。現在的人尚且這樣，古人們的選擇就更少了，更何況在北宋滅亡到南宋建立這一段動盪不安的時期，備受金國欺淩，正所謂覆巢之下無完卵，活下來已經很不容易，似乎湊合著過完這一輩子才是隨大流。

可是在這樣的環境下，李清照卻活出了跟別人不一樣的姿態，仿佛晦暗不明的畫卷中，突如其來的一筆濃墨重彩，令人難以移開目光。所以，在別人一直讚美李清照的文采、感傷她的憂愁時，我的關注點一直都是她的人和性格。

她的精神生活到底有多豐富，才能在少女時代那麼與眾不同呢？她對人間百態的感知到底有多敏感，才能關注到許多人忽視的小美好？而她對感情的態度到底有多較真，才能在那樣動盪的時局中，也始終堅持自我，寧為玉碎不為瓦全呢？不管是李清照的詩詞，還是她的人，都值得仔細品讀。

生於書香，她的內心一片繁花錦簇

提起李清照，就不得不提起宋朝。說實在的，歷史上所有大統一的封建王朝裡，我最不願意提起的就是這個朝代，實在太憋屈。一直被動挨打不說，給別的國家交保護費，割地賠款賠女人，最後還丟了兩個皇帝。但李清照作為這段殘酷歷史的見證者，要寫她，怎麼都繞不開宋朝。

宋朝對女性很不友好，婦女貞操觀、程朱理學都在那個時代興起。反觀東漢時蔡文姬三嫁，被人嘖嘖稱讚；漢文帝的母親薄太后、漢武帝的母親王皇后，都是再嫁之身，也沒有人大驚小怪；唐高宗娶了父親的女人武則天，也沒有人說要讓武則天從一而終。

說起唐朝，那才是歷史上最好的時代，政治女性層出不窮，武則天、太平公主、韋皇后、上官婉兒等人都綻放出了非同一般的光彩。大概也因為風氣開放至斯，有了這些傲人的榜樣，天下的女人都發現原來除了相夫教子還有另外一種活法，於是她們不再安於後宅，想和男人平分秋色。所以到了宋朝時，封建士大夫們急於矯正規範這一點，讓女人們回歸正軌，不要學習那些異端。於是，他們弄出了一大堆理論，給女人們套上一層又一層的枷鎖，告訴她們要安分守己，遵守三從四德。

但是，再狹窄逼仄的空間裡，也能開出旖旎多姿的花，李清照就是這樣一個例子。李清照出生在書香門第，早期生活優渥，家裡擁有豐富的藏書。她的父親李格非是北宋文學家，進士出身（相當於現在的博士生），還是大名鼎鼎的「唐宋八大家」之一蘇軾的得意門生。不僅如此，從李清照詩序裡的描述來看，她「父祖皆出韓公門下」，這個韓公指的是北宋政治家、詞人韓琦，也是歷史上炙手可熱的名人。

李家擁有十足的文化底蘊，而從小生活在這樣的環境下的李清照，耳濡目染，年幼起就打下了堅實的文學基礎。

李清照的少女時代，在一國之都汴京度過，汴京彙集了天下繁華和人氣，可以說人傑地靈。正所謂「唐強宋富」，宋朝雖然武力不行，商貿卻很繁榮，人均 GDP 遠超其他時代，所以百姓的生活也多姿多彩，這一點可以從《清明上河圖》中參考一二。

民間很有小資情調，秦樓楚館、吟詩作詞、春遊野宴……娛樂活動十分豐富，歷史上那些才華出眾的青樓女子，如李師師、梁紅玉、琴操、王朝雲都出現在那個時代。值得一說的是，青樓不是妓館，青樓女子們提供的服務，是歌舞、樂器，還有詩詞，所以文人墨客去青樓溜達，大多出於精神需求，覓一紅顏知己，這也是當時的一大風尚。

言歸正傳，民間生活這樣豐富多彩，剛好李清照又是個善於觀察生活、從小細節發現美好的人，雖然很多事不能親自體驗，但在這種濃烈的氛圍中，她靈感十足，創作出的詩詞也別出心裁，一首《如夢令》出手，立刻轟動了整個汴京，小小年紀的李清照也一舉成名。

昨夜雨疏風驟，濃睡不消殘酒。試問捲簾人，卻道海棠依舊。知否，知否？應是綠肥紅瘦。

昨夜，小雨纏綿，風卻又猛又急，安穩的睡眠也沒讓酒力盡數消散。醒後，問那卷起簾子的侍女，外面的海棠如何？侍女輕輕回答：「跟昨日一樣。」你可知道，你可知道，現在外面應是綠葉繁茂，紅花凋零呢？

短短幾十個字，有場景，有對白，還有人物，看起來花團錦簇，極盡優美，又情景交融，可見其表現力。先是因為「雨疏風驟」，她不忍見到海棠慘敗之景，於是飲酒入睡。醒來後，她懷著一絲僥倖問侍女海棠如何，雖然得到了意外的回答，但她心裡明白不是那麼回事，於是又輕輕嘆息了最後的那句：「知否，知否？應是綠肥紅瘦。」

把「惜花」表達得如此唯美別致，我不得不折服于李清照的才華，而且從詞裡能看出她對生活的熱愛，還有樂觀開朗的性格，另一首《如夢令》同樣能體現出這一點。

常記溪亭日暮，沉醉不知歸路。與盡晚回舟，誤入藕花深處。爭渡，爭渡，驚起一灘鷗鷺。

時常回憶起在溪邊亭台的日暮，那時深深迷醉在那片美景中，甚至忘了回家的路。盡興後已經入夜，這才慢悠悠地掉轉船頭，誰知道卻誤入了荷花塘深處。要怎樣才能出去呢？槳聲和水聲打破寂靜，驚動了一片棲息在周圍的鷗鷺。

同樣是遊玩，有的人只是縱情大笑一場就忘了，有的人卻能玩出別樣的境界來，毫無疑問，李清照就是這樣的人。這首小令展現出了一幅十分立體的遊玩畫面，以一種親近大自然的姿態，暢快肆意，筆觸又爽利，少年人的勃勃生機躍然紙上。

還有一首《雙調憶王孫．賞荷》，寫得也是清新又別有一番野趣。

湖上風來波浩渺，秋已暮、紅稀香少。水光山色與人親，說不盡、無窮好。　蓮子已成荷葉老，清露洗、蘋花汀草。眠沙鷗鷺不回頭，似也恨、人歸早。

依然是淺顯易懂的詞語，僅用淡淡幾筆就勾勒出豐富的畫面來，雖然是一片秋日蕭瑟，卻也有一種不同的風味。這首詞不用逐字解釋，它跟上面的兩首一樣，其實都是生活中能見到的尋常畫面，只不過在李清照的筆下，一切都變得不尋常起來。

如果不是觀察入微，心思細膩，對身邊的事物有著極高的藝術敏感度，根本寫不出這樣的句子。這樣的女子真是有情調極了，再寡淡的日子她也能過得有滋有味。

而且，李清照不僅有這樣「仙氣飄飄」的一面，還有接地氣的一面，當遇到心儀的男子時，她也跟其他女兒家一樣，會露出嬌羞、相思、不舍等情態。譬如這首《點絳唇》，就把那種小女兒家的嬌羞表現得淋漓盡致。

蹴罷秋千，起來慵整纖纖手。露濃花瘦，薄汗輕衣透。見客入來，襪刬金釵溜。和羞走，倚門回首，卻把青梅嗅。

盪完了鞦韆，她慵懶地起身，揉了揉細嫩的手。旁邊的枝葉上沾著許多露水，花只有零星幾朵，身上蒙的那層薄汗透過了輕薄的衣裳。突然望見一位客人進門，她又慌又羞，連忙往屋裡跑，跑丟了鞋子，頭上的金釵也滑落到地上。到了屋內，她既害羞又好奇，於是裝作聞青梅香的樣子，靠著門回頭去瞧。雖然不確定那位「客人」是誰，但是少女的天真嬌憨，栩栩如生，十分有動態感。

按照我們現在的眼光來看，其實古代生活枯燥無聊，沒什麼新奇的東西，反反覆覆都是相同的賞花、郊遊之類的項目。但通讀李清照的詩詞你就會發現，就算是相同的景致，她也總是能找到各種不同的角度，又用情感賦予詩詞不一樣的意義。

所以，這位千古第一才女就算無聊，無聊的境界也與眾不同。「腹有詩書氣自華」這話委實不假，想必只有內心十分充足的人，才能把尋常日子都過成詩。

除了熱愛生活，李清照還關心時事，不僅瞭解，還能發表一些見解。唐朝有一塊「大唐中興頌碑」[78]，由元結撰文，顏真卿書寫，刻在了浯溪的石崖上，主題就是歌頌唐肅宗收服失地，結束「安史之亂」的事。北宋的文學家張耒讀了這塊碑文後，洋洋灑灑地寫了《讀中興頌碑》一詩，非常著名，後來李清照讀了他的這首詩，立刻寫了一首和詩，即是《浯溪中興頌詩和張文潛》。文潛，是張耒的字。

李清照在詩中分析了「安史之亂」為何發生，還有唐軍潰不成軍的原因，嘲諷了唐玄宗後期的昏聵，然後用一句「夏商有鑒當深戒，簡策汗青今具在」寫出了她對北

78《大唐中興頌碑》：「天寶十四載，安祿山陷洛陽。明年，陷長安。天子幸蜀，太子即位於靈武。明年，皇帝移軍鳳翔。其年復兩京，上皇還京師。於戲！前代帝王有盛德大業者，必見於歌頌。若今歌頌大業，刻之金石，非老於文學，其誰宜為！頌曰：噫嘻前朝，孽臣奸驕，為昏為妖。邊將騁兵，毒亂國經，群生失寧。大駕南巡，百僚竄身，奉賊稱臣。天將昌唐，繄曉我皇，匹馬北方。獨立一呼，千麾萬旟，戎卒前驅。我師其東，儲皇撫戎，蕩攘群凶。複服指期，曾不逾時，有國無之。事有至難，宗廟再安，二聖重歡。地辟天開，蠲除襖災，瑞慶大來。凶徒逆儔，涵濡天休，死生堪羞。功勞位尊，忠烈名存，澤流子孫。盛德之興，山高日升，萬福是膺。能令大君，聲容沄沄，不在斯文。湘江東西，中直浯溪，石崖天齊。可磨可鐫，刊此頌焉，何千萬年！」

宋朝政的憂慮，也有告誡的意思在裡面。這首詩令人拍案叫絕，不少文人都對其讚不絕口。

李清照的優秀真是三百六十度無死角，有才華、有情調、有眼光，還有格局，可惜封建王朝限制了她的發展，她只能待在後宅吟詩作賦。不過從這些地方也能夠看出，她的精神生活很充足，骨子裡自在風流。

這個風流，不是「風流快活」的風流，而是「衣冠重文物，詩酒足風流」的風流，也是「唯大英雄能本色，是真名士自風流」的風流。

得一知心人，生活再清貧也風流自在

愛情是什麼樣子？

兩個人迸發的荷爾蒙相互吸引，兩個寂寞的靈魂相互慰藉，或者兩人因相似的價值觀、相同的愛好而互生好感。只要滿足任何一點，情感就如乾柴遇烈火，熊熊燃燒起來，然而要全部滿足就太難了。所以，愛人和知己之間，向來都是分開的，這也是為何會有紅顏知己、「男顏知己」一說。

你愛的人，不一定懂你；懂你的人，不一定讓你動心。

時常有人有疑問，為何白居易、溫庭筠、歐陽修、蘇軾這些文學大家總喜歡逛青樓。其實原因不難揣測，古代女人不用讀書，她們從小學習的方向是如何相夫教子。而那些有底蘊的家族，才能讓自家女兒在書香裡薰陶一下，讀些詩書。

只有青樓女子，很多人都有一技之長，琴棋書畫樣樣都要鑽研，這樣她們才能抬高自己的身價。所以男人們跟青樓女子在一起，既可以風花雪月，也可以高山流水，得到一些在尋常女子身上得不到的精神交流。當時留下來的與青樓相關的作品也有很多，杜牧有「落魄江湖載酒行，楚腰纖細掌中輕。十年一覺揚州夢，贏得青樓薄幸名」，柳永也有「何須論得喪？才子詞人，自是白衣卿相」。

世間安得雙全法，愛人同時又是知己的情況，真的少之又少。李清照有幸遇到了，或者說，那個人有幸遇到了李清照。這個幸運兒是趙明誠。與李清照家世相當，趙明誠也是高官之後，兩人初見的場景，很有小說的夢幻感。李清照成名早，所寫的詩詞流傳甚廣，趙明誠拜讀她的作品後，如獲至寶，對這位聰慧絕倫的才女心之神往。某個元宵節，趙明誠外出遊玩，正好遇到了和從兄出來賞花燈的李清照。這可謂是「迷弟」見「女神」，本來趙明誠對李清照就心有好感，見到本尊後更是一發不可收拾。

趙明誠怦然心動，回去後就跟自家爹提了一下。文人說話委婉，不是直接嚷嚷什麼「我對某某女子一見鍾情，爹你幫我操持一下」，趙明誠弄了個謎語讓他爹猜，說是「言與司合，安上已脫，芝芙草拔」，趙爹略一思索就恍然大悟，立刻讓媒人上李家提親。

李清照對趙明誠也很有好感。首先，趙明誠成長的環境與她類似，兩人門當戶對，價值觀應該差不多。其次，趙明誠是宋代傑出的金石學家，與歐陽修、洪適齊名。金石學，研究的是前朝的甲骨、玉器、磚瓦、碑石之類的東西，尤其是上面的文字。說得通俗一點，就是現在的考古學家，在於解讀中華文化傳承和脈絡，是非常有意義的工作，不過在宋朝還只是朦朧的概念而已。青年時期的趙明誠，雖然還沒在金石學上取得什麼成就，但研究金石學的人，文學、歷史、書法等知識都必須懂，所以在文化方面來說，趙明誠和李清照應該很有共同語言。最後，兩個人也不算盲婚啞嫁，賞燈會的偶遇，雙方的觀感都不錯。

建中靖國元年（西元一一〇一年），李清照和趙明誠成婚了，婚後兩人舉案齊眉、琴瑟和鳴。因為有很多共同的愛好，兩人總是有說不完的話題，就算不外出遊玩，只在家裡的那一方天地，兩人也能怡然自得。

兩人主要有三個娛樂項目，第一個就是金石學。記載中，李清照婚前沒有涉獵金石學，是婚後才開始喜愛的，很大可能是受了趙明誠的影響，而且兩個人為了這個愛好，還捨棄了生活上的享受。他們的父親都是朝廷高官，但為官清廉，雖然可以讓小夫妻衣食不愁，但這些小愛好的花銷卻支持不了，況且還是燒錢的愛好。

當時趙明誠還是一名太學生，沒有正式工作，平時住在太學宿舍裡，每個月只有兩天假期。太學一放假，他就直奔當鋪，先當點衣物換錢，然後就去相國寺市場淘寶，買回一些碑文、書籍之類的，帶回家和李清照共同賞玩。

怎麼個賞玩法呢？兩人會仔細閱讀，在閱讀過程中勘校，再給它搭配上書畫器物，讀完之後再一起交流讀後感，並且相互給予評價。兩個人沉浸在這種高雅的藝術享受中，如癡如醉。後來趙明誠畢業了，進入仕途，有了穩定的經濟來源，夫妻倆第一個想到的不是改善生活，而是買更多的金石文物。於是，他們繼續過著清貧的生活，為愛好攢錢，還立志表示要「窮遐方絕域，盡天下古文奇字之志」。

其實，不管趙家還是李家，各種珍藏累積都不少，只是對兩人來說遠遠不夠。他們渴望賞玩更多，於是想方設法地去借、去買，遇到特別喜歡的，不惜典當衣物也要弄到手，當然也常有束手無策的時候。有一次，他們遇到了出自南唐畫家徐熙之手的《牡丹圖》，兩人特別喜愛，只可惜這幅圖的售價遠遠超出了他們的承受範圍，傾家蕩產都買不起。他們只能懇求賣家借給他們賞玩兩天，此後才戀戀不捨地還給人家。

不富裕的情況下，舒服的生活和高雅的愛好不可能兼得，如果不是兩個人志同道合，任何一方換作別人，都可能影響夫妻感情，甚至導致婚姻破裂。但是對兩人來說，精神上的滿足、藝術上的享受，遠遠比人間煙火重要，而大多數人只能看到他們的清貧，看不到他們的寶藏「黃金屋」。

關於這方面的事情，李清照在《金石錄後序》這本自傳性散文裡寫道「餘性不耐，始謀食去重肉，衣去重采，首無明珠、翠羽之飾，室無塗金、刺繡之具」，意思是，她按捺住花錢的衝動，想辦法不吃第二道葷菜，不穿第二件有精緻紋繡的衣裳，頭上不戴明珠翡翠這些首飾，屋子裡也沒有華貴的家具。從這裡可以見得夫妻倆為金石文物付出了多少。

第二個娛樂項目，是考問。兩人都飽讀詩書，閒暇時，他們就在廳堂中相對而坐，一邊烹茶，一邊考問對方的學問。其中一人在家中藏書中進行挑選，選出問題問對方，如果對方答對了就能飲茶。說真的，這個娛樂方式要是「學渣」見了，說不定一頭就昏過去，兩個人卻津津有味。

第三個娛樂項目，則是吟詩作詞。李清照是詩詞大家，生活中的小事，或者某一刻的心情，她都採用詩詞的方式記錄下來。趙明誠受到她的影響，也會與她一起寫著玩，或者作為給妻子的答覆，雅趣十足。

有一次，趙明誠去外地讀書，許久未歸，李清照很想念他，就寫了一首《醉花陰》寄給他以表達思念之情。趙明誠閱讀後，對妻子的才華讚嘆不已，一邊想寫更好的詩詞回應妻子，一邊又存了些較勁的心思。於是，他閉門謝客三天，一口氣寫了五十首詩詞。

趙明誠拿不准到底哪首更好，就把這些詩詞連同李清照的《醉花陰》一起拿給友人品鑒，卻不告知它們分別是誰的作品。友人反覆細品之後，表示其中有三句是絕妙之句，正是《醉花陰》裡的最後三句「莫道不消魂，簾卷西風，人比黃花瘦」。

薄霧濃雲愁永畫，瑞腦消金獸[79]。佳節又重陽，玉枕紗廚，半夜涼初透。東籬[80]把酒黃昏後，有暗香盈袖。莫道不消魂[81]，簾卷西風，人比黃花瘦。

又是漫長的白天，百無聊賴。窗外雲層濃厚，屋內彌漫嫋嫋白煙，金獸香爐裡的艾片慢慢燃盡。重陽佳節已到，臥在紗帳裡的玉枕上，半夜時，突然感到一絲初秋的涼。在一片盛開的菊花旁飲酒一直到黃昏後，淡淡的花香盈滿衣袖。不要說不憂愁，秋風吹起簾子，那簾裡的佳人比菊花還要消瘦。

這首詞也是李清照的名篇，詞中雖然沒有一個字提到了思念，卻又字字都透出思念來。

79 瑞腦：一種熏香名。又稱龍腦，即冰片。消金獸：香爐裡香料逐漸燃盡。金獸，獸形的銅香爐。

80 東籬：泛指采菊之地。東晉陶淵明《飲酒》：「采菊東籬下，悠悠見南山。」為古今豔稱之名句，故「東籬」亦成為詩人慣用之詠菊典故。

81 消魂：消，一作「銷」。極度憂愁、悲傷。朝江淹《別賦》：「黯然銷魂者，惟別而已矣。」

夫妻兩人的小日子恩愛和美，蜜裡調油，但是這樣的日子卻很短暫。李清照結婚後的第二年，家裡就發生了巨大的變故。朝廷裡激烈的新舊黨派之爭，李父李格非作為落敗的右派，身陷囹圄。而身為新派的公公趙挺之，卻步步高升。李清照曾寫詩給趙挺之，請求他為李格非說情，不過沒起到什麼作用。事已成定局，李格非被罷官，帶著家眷離開了汴京，回到家鄉。

古代動不動就「誅九族」「夷三族」「連坐」「株連」，即家族裡一個人被治罪，其他人都要為他的罪付出一定的代價。李清照就是這樣被牽連的無辜者，李格非離開汴京沒多久，李清照就被波及了，朝廷下令說「宗室不得與元祐奸黨子孫為婚姻」「夏，四月，甲辰朔，尚書省勘會黨人子弟，不問有官無官，並令在外居住，不得擅自到闕下[82]」，即是，宗室不准和舊派的子孫有姻親關係，舊派的家族子弟，不管是不是做官的，都不准留在汴京。

這禁令一出，李清照失去了生活在京城內的資格，只能回到家鄉投奔父親，夫妻

82「闕下」釋義：1.宮闕之下。一借指帝王所居的宮廷。二借指京城。

倆被硬生生地拆散，被迫開始分居的生活。也是從這個時期起，李清照的詩詞再無少女時代的活潑明媚，而是變得幽怨起來，比如說名氣斐然的《一剪梅》。

紅藕香殘玉簟[83]秋，輕解羅裳，獨上蘭舟。雲中誰寄錦書來？雁字[84]回時，月滿西樓。花自飄零水自流，一種相思，兩處閒愁。此情無計可消除，才下眉頭，卻上心頭。

涼秋已至，紅蓮殘，香消散，竹席也透著一股子冰涼。輕輕提著裙裾，獨自上了小船，抬頭仰望那天邊聚散的白雲，誰會從遠方寄來書函？大雁成群，向南歸去，銀輝的月光灑滿西邊的樓閣。

落花飄零，隨著水流向遠方，孤零零的。同樣一種相思，天各一方的兩人各自愁苦，這種離愁沒有辦法消除，眉間才剛剛舒展，卻又爬上了心頭。

再來看這首《點絳唇》：

83 玉簟（ㄉㄧㄢˋ）：光滑如玉的竹席。

84 雁字：雁群飛行時，常排列成「人」字或「一」字形，因稱「雁字」。相傳雁能傳書。

寂寞深閨，柔腸一寸愁千縷。惜春春去，幾點催花雨。倚遍闌干，只是無情緒。人何處，連天衰草，望斷歸來路。

這首詞也是寫相思的，但與上一首的創作時期不同，它寫於兩人再度一起生活，趙明誠外出辦公之時。大概是對方許久未歸，她心中滿是想念。這首詞不用逐字解釋，很好理解。丈夫離開後，生活中原本不在意的小細節都分外清晰，每一次百無賴也愈發難熬，一個「倚遍闌干」，一個「望斷歸來路」已表達了無盡思念。

這一次分居，大概持續了兩年。政治總是變幻莫測，崇寧五年（西元一一〇六年），大赦天下，李清照身上的禁令也被解除，回到汴京與趙明誠團聚。但好景不長，僅僅半年，災難又降臨在了趙氏家族的頭上，烏雲密佈。趙父在權力傾軋中得罪奸相，遭到陷害，被罷官幾日後死去，而受到牽連的家眷親屬也鋃鐺入獄，查實後，發現他們沒有涉案，很快又把他們放了。只是趙明誠到底受到牽連，丟了官職。

沒過多久，趙氏一族人離開汴京，去了青州定居，李清照也隨著丈夫一同前往。此時此刻，他們還不知道，宋朝即將面臨一場浩劫，而他們卻會因這次的株連因禍得福，避開災難。

李清照將家中的一室起名「歸來堂」，名字源於陶淵明的《歸去來兮辭》，她自號「易安居士」，也源於其中一句「倚南窗以寄傲，審容膝之易安」，此舉的用意，多少也有歸隱田園，遠離一切紛爭世俗的意思。

至此，兩人開始過起了淡然樸素的平民生活。趙明誠沒了官職後，更加寄情金石學，李清照也跟著他一起研究這些方面的東西，夫妻倆的日子和和美美，雅趣十足。趙明誠也在李清照的幫助下，對兩《唐書》[85]進行訂正，大體完成了《金石錄》的寫作。

為了寫這本書，趙明誠不僅實地考察，購買或者借用各種碑文資料來做研究，還進行了多年走訪，耗費了數十年才撰寫了大部分，後來他過世，李清照完善了最後一部分。趙明誠的《金石錄》與歐陽修的《集古錄》齊名，都是研究古代金石學的必讀之書，內容上還更加豐富完善。這兩本書影響力廣博，所以以前的人也把金石學稱之

85 指《新唐書》和《舊唐書》。

為「歐趙之學」。

兩人的生活，在大多數人眼裡枯燥又無聊，於李清照和趙明誠而言，既是追求理想，也是至高的藝術享受。後來趙明誠重新做官，先後去了萊州、淄州，再到江寧赴任，穩定了後都會接李清照過去相聚，兩人的生活也沒什麼變化。歲月靜好，這樣舒服安逸的日子持續了二十年，兩人沉浸其中，也不會膩味。想必，只有內心十分富足的人，才能把尋常日子都過成詩。

我想，如果沒有突如其來的戰亂，兩人會順暢地過完這一生。但人於這個世界，如同滄海之一粟，國破家亡來臨時，很難以一己之力去改變大勢。但值得慶倖的是，李趙兩家曾經的政治災難，讓李清照和趙明誠遠離了權力中心，即使趙明誠再度為官，也不曾再到過汴京。

靖康二年（西元一一二七年），金國大軍以碾壓之勢，直接攻破了汴京，國破家亡，史稱「靖康之恥」。

我先前說不想提起宋朝，很大一部分原因就是這段殘酷時期令人深感受辱，又痛心疾首。

「靖康之恥」的荒謬之處，有三。

首先，官員荒謬。金軍氣勢洶洶，官員們既沒有好好思考對策，也沒有氣性血戰到底，他們寄期望於僥倖，麻痹自我。舉一個例子，當時有個術士跳了出來，說他身懷絕技，可以用法術打敗金軍，那些官員竟然還真的信了。其次，宋徽宗和宋欽宗兩個皇帝，都成了金國的俘虜，這在歷史上都算得上是先例。最後，兩國交戰中，宋朝節節敗退，幾次求和，割地賠款賠女人。一開始是一車一車地載著金銀送去金軍大營，後來宋朝賠不起錢了，金軍就建議他們拿女人抵債。怎麼算這筆賬呢？按照女人們的身分階級，明碼標價。比如公主、王妃，一人一千錠金，郡主一人五百錠金，後面還有宮女、民女，各有各的價碼。

這些女人是什麼下場呢？比很多人想像中還慘烈。她們在前往金國的過程中，就如同娼妓一樣過活，不管民女還是公主，都是同一種下場，許多人沒能熬過這段路程，還沒到達金國就被蹂躪至死，丟棄路邊。到了金國，獻俘儀式上，皇后、公主等人全都跪在地上，赤裸上身，只披一片羊皮，脖子上還拴上繩子，任人宰割。儀式結束後，她們像貨物一樣被官員瓜分，或被投入娼妓館，只有少數人堅強地活了下來。

可以想像，如果李清照當時還留在汴京，作為官員的家眷，同樣逃過不了「抵債」的命運。但我所說的荒謬，不是指這些慘遭「抵債」的女人，而是國內那些僥倖逃過一劫的人。他們自己軟弱無力，無法改變這樣的局面，沒有拋頭顱灑熱血去跟金軍拚命，卻把滿腔怒火撒在了這些無辜的女人身上。他們將這些女人視為奇恥大辱，好似自己的臉皮被剝了一般，暴跳如雷地指責：你們已經失去貞潔，被無數男人蹂躪，身體骯髒不已了，竟然還有臉活著？你們給我國抹了黑，竟然不主動去死？

這也是後來，為何會產生「餓死事小，失節事大」「若娶失節者以配身，是已失節」這些理論的緣由之一。

正所謂弱國無外交，即便宋朝卑微到這個地步，依然沒逃過國破家亡的命運，直到後來宋高宗重新建立起政權，才能勉強抗爭一二。後人為了區分，以兩個政權的國都方位，把前期的宋朝稱為「北宋」，後期的宋朝稱為「南宋」，兩者統稱為「宋朝」。

「靖康之恥」的恥辱之處，也有三。

其一，統治者貪生怕死。第一次危機來臨時，宋徽宗見勢不對，擔心自己以後擔了「亡國之君」的名頭，也是貪生怕死，做了一件令人大失所望的事情。他把皇位傳給太子，也就是宋欽宗，然後自己帶著人逃之夭夭了。

其二，金國攻破汴京後，宋徽宗和宋欽宗成為戰俘，金人立刻脫去他們的龍袍，宣佈兩人成為庶民。兩人被帶回金國，又被金國皇帝賜予了兩個侮辱性的封號，宋徽宗為「昏德公」，宋欽宗則為「重昏侯」，兩人在金國活得無比屈辱。後來他們得知宋高宗建立新政權，立刻派人送信讓宋高宗來救，又因為有幾個公主服侍金國皇帝後有了位分，便想要用姻親關係來拉關係，結果自取其辱。後來，兩人都死在了金國，一個病死後屍體被做成燈油，另一個則被亂馬踩死，無人搭救。

其三，宋高宗建立南宋後，因為被金國打怕了，一味求和，也更加重用主和派官員，比如秦檜、汪伯彥等人。因此，朝廷沒有主戰派生存的土壤，岳飛等忠臣良將壯志難酬，明明數次大敗金軍、收復失地，眼看就能有條不紊地鋪開計畫，最後皇帝連發十二道金牌召回岳飛，而金國高層明示秦檜，岳飛不死不議和，以致岳飛一回朝就遭到迫害，最後冤死獄中。

岳飛之死一直是千古奇冤，這件事雖然發生在「靖康之恥」的十幾年後，卻跟

「靖康之恥」脫不開關係，不過這些都是題外話。但是，如果瞭解了這段歷史，就能讀懂岳飛《滿江紅》中的激昂壯烈。

怒髮衝冠，憑闌處、瀟瀟雨歇。抬望眼，仰天長嘯，壯懷激烈。三十功名塵與土，八千里路雲和月。莫等閒、白了少年頭，空悲切。靖康恥，猶未雪。臣子恨，何時滅。駕長車，踏破賀蘭山缺。壯志饑餐胡虜肉，笑談渴飲匈奴血。待從頭、收拾舊山河，朝天闕。

也能讀懂李清照《夏日絕句》中的悲憤、怒其不爭，以及向死而生的氣魄。

生當作人傑，死亦為鬼雄。
至今思項羽，不肯過江東。

昔日項羽落敗後，逃到江邊，江的另一頭是他的家鄉。俗話說「留得青山在，不愁沒柴燒」，只要他渡江，再蟄伏一些時間，未必沒有東山再起的時候。只是項羽覺得「無顏見江東父老」，提劍自刎。這在李清照眼中，是難能可貴的英雄氣概，把他和丟下國家百姓落荒而逃的宋徽宗一比，尤為強烈。

言歸正傳，李清照夫妻的運氣很好，就在徹底國破家亡的前兩個月，趙明誠被調到江寧當官，剛好躲開了這次災禍。李清照回了一趟青州收拾行李，精心挑選後，打包帶走了十五車東西。饒是如此，家裡還剩下了整整十間屋子的東西沒辦法帶走，從這裡也可以看出，她和趙明誠的收藏有多麼豐富。

李清照剛離開沒多久，青州就徹底淪陷，家中被毀壞，十間屋子的收藏毀於一旦。戰爭來臨時，生靈塗炭，最煎熬的莫過於百姓，李清照心痛那些收藏，但明白在這樣的亂世留得一條命已經非常幸運，她一路南下和趙明誠會合，這段路程卻非常艱辛。

顛沛流離，卻一心要做文脈守護人

文物，是人類先祖遺留下來的文化瑰寶，是一座城乃至一個國家的傳承，也是歷史的脈絡。國破山河在，守護一片土地，就要守護這片土地的傳承，土地丟失了可以再奪回來，但傳承丟失了，記憶就會被湮滅。

這讓我想起了一九三三年，故宮文物南遷，一萬三千多箱文物，在戰亂中跨越了大半個中國，到達南京。一九三七年，這批文物又在日軍的炮火下，歷經十年，西遷到達四川，直到抗戰勝利後才重新運回北京。途中歷經炮火轟炸、土匪攔截等困難，要保存文物還有許多苛刻條件，潮濕了不行，長蟲也不行，今天提到這些守護文物的人，大家無不肅然起敬，也尊稱他們為文脈守護人。

李清照也做了相同的事情，也許她還沒有這些概念，卻身體力行地做了。她帶著十五車金石文物一路南下，到達鎮江時，鎮江剛好爆發戰亂。李清照在兵荒馬亂中機智應對，最後把金石文物完好無損地帶到了江甯，與丈夫重聚。這一段路程，後來李清照在《金石錄後序》中提到過：「既長物不能盡載，乃先去書之重大印本者，又去畫之多幅者，又去古器之無款識者。後又去書之監本者，畫之平常者，器之重大者。凡屢減去，尚載書十五車，至東海，連艫渡淮，又渡江，至建康。」寥寥幾十個字，飽含了千辛萬苦。

另一邊，兩帝被俘，宋高宗在金軍的追擊下，逃亡到了江南地帶，繼位稱帝，年號建炎，這就是歷史上的「建炎南渡」。

自戰亂爆發後，國土動盪不安，一直沒有消停過，從前寧靜淡雅的日子一去不復返。宋高宗是一個主和派，重用的也都是主和派官員，他拒絕主戰派北進和金國打仗，一味求和。

李清照看到這種現狀，心中又焦慮又悲憤，但她一個女人無能為力，只能寫詩作為寄託，嘲諷當權者，譬如「南來尚怯吳江冷，北狩應悲易水寒」「南渡衣冠少王導，北來消息欠劉琨」這些句子。

舉個例子來說，歷史上總共有三次南渡，第一次是「五胡之亂」，司馬睿在政治家王導的幫助下，南渡建立東晉政權，穩定了天下。李清照這句「南渡衣冠少王導」的意思就是，南宋的朝廷裡，缺少王導這樣的「定海神針」，其他暫不多解釋。

趙明誠只在江寧當了一年的官，大概見識過「靖康之恥」後，人的心氣和膽魄都少了一大半，遇到一丁點兒事情就風聲鶴唳。建炎三年（西元一一二九年），趙明誠的下屬察覺有人要叛亂，立刻稟告了趙明誠，趙明誠不以為意，根本不管這件事。到了晚上，果然發生了叛亂，還好下屬暗自做了一些準備，很快就把叛亂鎮壓了下來，這才去找趙明誠稟告，誰知道四處不見趙明誠的人影。下屬派人尋找，這才發現趙明誠早就用一根繩子，從城牆上逃跑了。這件事後，趙明誠被革職，李清照也對他的臨陣脫逃感到失望、羞恥，心裡有了隔閡，不由自主地疏遠了趙明誠。

兩人離開江寧，局勢更加糟糕了。路過烏江時，李清照想起了在江邊自刎的項羽，想到北宋和南宋的統治者，突然有感而發，吟出了那首盪氣迴腸的《夏日絕句》。趙明誠聽到了這首詩，想起自己的所作所為，愧疚難當，從此一蹶不振。同年，趙明誠去世，終年四十九歲。

後來有人指出，《夏日絕句》是為嘲諷趙明誠棄城出逃而作，他也是因為這首詩才鬱鬱而終，但這不符合邏輯。

首先，李清照一直把趙明誠視為靈魂伴侶，兩人相知相愛，就算對趙明誠的作為感到失望，按理說也不可能堂而皇之地寫詩嘲諷趙明誠。趙明誠的舉動雖然丟臉，但放在整個局勢下來看，他的行為並沒有比那些不僅不作為，還要拖後腿的官員更惡劣。否則，朝廷不會再次給他官職，雖然他還沒來得及上任，就死在了路途中。

其次，趙明誠可能因為棄城出逃反覆自責、愧疚，卻不是因為這個鬱鬱而終，而是染上了瘧疾。瘧疾的傳染性很強，直到二〇一五年，全球還有四十多萬人因瘧疾而死。瘧疾的潛伏期十四至三十天，雖然死亡率並不高，但古代衛生條件很糟糕，趙明誠又長期處於顛沛流離中，在戰亂中受到驚嚇。而且，為了趕路他疲勞過度，路途中的食物也沒有辦法保證身體需要的營養，可以推測他的個人免疫力不太好，所以瘧疾輕而易舉地要了他的命。

趙明誠去世後，李清照把《金石錄》剩餘的一部分撰寫完，又寫了《金石錄後序》來介紹兩人研究金石文物，再整理成書籍的過程。如果李清照對趙明誠心存怨恨，不可能幫趙明誠完成遺願。

半生孤苦淒涼又如何？絕不向生活低頭

趙明誠下葬後，李清照也大病了一場，但她深深明白這樣糟糕的局勢下，不允許她多矯情，於是擦乾眼淚養好身體，立刻做下一步的打算。

古代講究家族，有了家族就有了靠山，李清照的父親已經去世，母親在記載中沒有記錄，但從李清照的年齡，以及她最後的選擇上來看，她的母親很有可能已經仙去。李清照選擇投奔的人，是趙明誠任職兵部侍郎的妹婿，妹婿在南昌，李清照帶著十五箱金石文物去投奔他。

沒想到，短短幾個月，金兵再次攻陷此地，李清照帶著少量行李倉皇出逃，又去投奔當官的弟弟李迒。她在戰亂中顛沛流離了將近兩年，才輾轉到了越州（今浙江紹興），暫時安頓下來，而那十五車金石文物，除去路途中被毀的，只剩下了五六箱。這段路程到底有多漫長艱辛呢？李清照在《金石錄後序》中有記錄：「到台，台守已遁。之剡，出陸，又棄衣被。走黃岩，雇舟入海，奔行朝，時駐蹕章安，從禦舟海道之溫，又之越。」

國家不安定時，民間的動亂也會增加。戰亂毀去百姓的房屋和農田，讓他們流離失所成為難民，為了活命，人的道德感慢慢就會降低，盜竊、搶劫，甚至殺人等犯罪案件隨之增多。李清照孤身一人，還是個沒什麼反抗能力的女人，儘管家裡也有一兩個管家僕人，仍然被盯上了。盯上李清照的人，有兩人，第一個是她的房東。

李清照到了紹興後，租了一個房子安頓下來，她雖然沒什麼財物，金石文物卻還有不少。人們雖然不懂金石文物，卻知道這些都很值錢，於是在某天夜裡，盜賊破門而入，盜走了五箱。李清照發現後，痛心疾首，立刻懸賞，想要找回這些珍藏之物。

豈料，懸賞剛發佈沒多久，她的鄰居就堂而皇之地帶著部分東西來拿賞金了，鄰居跟房東一個姓氏，李清照還有什麼不明白的呢？想必從她住進來開始，房東就覬覦她的財物，打了壞主意。只是作為一個獨居的寡婦，李清照不得不忍氣吞聲，拿金銀贖回，又千方百計地懇求盜賊把其他的也賣給她，盜賊不肯，後來李清照才知道，餘下的那些已經被賤賣給了別人。李清照深知這個地方不能久留，很快離開了紹興，到了杭州。

第二個盯上李清照的人，叫張汝舟。張汝舟是個小官，正所謂流氓不可怕，就怕流氓有文化，張汝舟恰恰就是這樣的偽君子、真流氓。他深知犯罪被發現的代價，不敢冒險，於是選擇了一個最「穩妥」的辦法。要是娶了李清照，那麼她的金石文物不就都成了嫁妝，歸他了嗎？而且娶了李清照這樣大名鼎鼎的女詩人，也能夠滿足他的虛榮心。

懷著這樣的目的，張汝舟接近了李清照，各種噓寒問暖，鞍前馬後。李清照顛沛流離已久，飽受苦難，身心疲憊，這時突然有人殷勤追求，大概讓她感到了久違的溫暖，所以不由自主地動了心。沒過多久，李清照就再嫁給了張汝舟，她滿心以為找到了後半生的依靠，誰知道，命運跟她開了一個大玩笑。

婚後沒多久，張汝舟就翻臉無情，對李清照輕則辱罵，重則拳腳相加。張汝舟變臉的原因很簡單，第一，他發現李清照的金石文物沒有傳言中那麼多；第二，李清照不聽話，當他想處置那些金石文物時，李清照不同意。李清照和張汝舟是截然不同的兩種人，就金石文物而言，張汝舟看到的是財，李清照看到的是文脈傳承。

在封建社會，一個寡婦想要安身立命是很困難的事情，何況又是在這樣動亂的年代。照理說，如果李清照想要好好過日子，把金石文物拱手相讓，以後乖乖聽張汝舟的話，好好哄著他，未嘗不行。但李清照不是這樣的性格，自從發現了張汝舟的目的後，她就從美夢中清醒了過來，然後做了一件在當時人看來「玉石俱焚」的事情。

張汝舟是個小官，民與官鬥向來吃虧，李清照想要擺脫他很不容易，剛好李清照發現了他為官的一些貓膩，暗中掌握了一些證據後，立刻報官告發了他，然後要求離婚。

李清照成功離婚，張汝舟也被革職，但宋朝刑罰卻有一項對婦女不友好的規定，妻子告丈夫，不管內容是否屬實，都需要坐兩年牢。李清照明知道會這樣，依然寧為玉碎不為瓦全，好在她還有幾個親友全力幫忙，只讓李清照在牢裡待了九天，就靠關係把她救了出來。

經過了這件事，李清照反而從慌亂中得到解脫，重新淡定從容下來，她沒有再向生活低過頭。或許她很明白，與其過著一地雞毛的日子，不如孤芳自賞，至少她不虧待自己，可以選擇更舒適更適合自己的生活方式。

後來的二十多年裡，她儘管清貧，但也自得其樂。局勢漸漸穩定，雖然與金國時戰時和，失地也沒全部收復，至少李清照所在的地方還算安穩，沒有戰亂再發生。許多人說李清照的晚年陷入苦悶、愁怨和淒涼，我不太認同。

李清照不是個容易被打倒的人，相反，先前歷經的苦難，全都化作了她創作上的激情和靈感。她仍然關心著國家大事，為此留下了不少相關篇章，寄予了她對收復失地、痛擊金軍的願望，還有對南宋當權者的嘲諷，對忠臣良將的讚美。比如說《打馬圖經》《打馬賦》等書，就是借當時風靡的博弈遊戲來談論時事。如果她是一個整日苦悶、頹廢度日的人，不可能這樣密切地關注外界。

有人根據歷史上有記載的人的生卒年月，得出了歷代人均壽命，可以作為一項參考。宋朝人的平均壽命是三十歲[86]，而李清照活到了七十二歲，可見她晚年身體還不錯，生活上不至於窮困潦倒，這些都不是「愁怨淒涼」的表現。

李清照晚年的詞作，沒有了早期的明媚清新，但這些只是時局下的憂慮，以及歷經滄桑後心境的變化，不等於她個人意志消沉。

來看這首《聲聲慢》——

尋尋覓覓，冷冷清清，淒淒慘慘戚戚。乍暖還寒時候，最難將息[87]。三杯兩盞淡酒，怎敵他、晚來風急？雁過也，正傷心，卻是舊時相識。　滿地黃花堆積。憔悴損，如今有誰堪摘？守著窗兒，獨自怎生得黑？梧桐更兼細雨[88]，到黃昏、點點滴

86 該資料來自一九九六年第五期《生命與災禍》中林萬孝的《我國歷代人的平均壽命和預期壽命》。
87 將息：調養休息。
88 梧桐更兼細雨：暗用白居易《長恨歌》「秋雨梧桐葉落時」詩意。

滴。這次第[89]，怎是一個愁字了得。

尋尋覓覓，卻只見冷冷清清，只讓人感到淒慘悲戚。乍暖還寒的秋日，最難休養調理，只能喝點淡淡的清酒，卻仍然抵不過傍晚那急急的寒風。想起往事，正傷心著，天空上一行大雁飛過，卻是舊日的相識。

園中菊花遍地，滿是憔悴，還有誰去採摘呢？靠在窗邊，一個人守到天黑。到了黃昏，細雨下的梧桐葉，依然點點滴滴落下水滴。此情此景，用一個愁字怎麼概括得了呢？

這個時期的李清照，歷經了國破家亡、顛沛流離、丈夫去世、二婚破裂，只要瞭解了這些背景，不用逐字解釋，就能輕易理解這首詞。

同理的，還有這首《武陵春》——

風住塵香花已盡，日晚倦梳頭。物是人非事事休，欲語淚先流。聞說雙溪春尚

89 這次第：這光景、這情形。

好，也擬泛輕舟。只恐雙溪舴艋舟[90]，載不動許多愁。

以及這首《憶秦娥》——

臨高閣，亂山平野煙光薄。煙光薄，棲鴉歸後，暮天聞角。斷香殘酒情懷惡，西風催襯梧桐落。梧桐落，又還秋色，又還寂寞。

其實在「靖康之恥」後，李清照遇到的挫折不止上述這些，還有一件差點讓她大禍臨頭的事情。

趙明誠病重的時候，有一個名叫張飛卿的學士來看他，帶了一個玉壺請他這個專家來鑒別，此後很快就離開了。其實這只是一件生活中的小插曲，壞就壞在有人盯著他們家，張飛卿離開後，就有人傳出謠言，說趙明誠和張飛卿涉嫌用玉壺向金國投誠。

李清照非常慌亂，唯恐朝廷借此發難，但她心裡又明白可能是有人為了那十五車

90 舴（ㄗㄜˊ）艋舟：小船，兩頭尖如蚱蜢。舴艋，小舟也，見《玉篇》及《廣韻》。

收藏，故意陷害他們。李清照很快冷靜了下來，做了一個機智的決定，準備把這些東西獻給朝廷，流言不攻自破。後來這些東西輾轉到了一名李姓將軍的手裡，後面如何就沒有記錄了。

在這之後，李清照的金石文物就只剩下五箱，又被那奸惡的房東動了手腳。只能感慨，一個獨身女子，想要在亂世守住財物，真的太難。紹興二十五年，李清照悄然離世，享年七十二歲。

李清照這個人物，看似仙氣飄飄，其實再真實不過。她就好像我們生活中認識的某個人，一樣地過著自己的日子，一樣為了喜愛的東西縮衣減食，一樣因為思戀愛人輾轉反側。但同時，她又是尋常生活中的一筆濃墨重彩，顯得那麼與眾不同，令人心生羨慕。

她見過無上繁華，卻不會為繁華所惑；她遇到過重重災禍，卻沒有被打倒過；她生活在俗世煙火中，卻從來沒有向生活低過頭，一直積極關心著國家大事。如果給她換一個天地，她肯定會更加大放異彩，可惜，封建社會對女性的限制實在太多。

李清照的前半生和後半生，如果只用幸或者不幸去界定，太過單薄。她這樣的女人，堅強、樂觀、自我，骨子裡都透著風流。她的確遭遇不幸，但事後就挺直了背脊，依然從容淡定。她的確幸運，人世間遇到靈魂伴侶的概率多麼低微，她卻得到了。

後來的人，對趙明誠和李清照的關係進行過深入剖析，得出兩人的婚姻其實遠遠沒有看上去那麼美滿的結論，加上李清照許多詞作具體創作時間不清晰，有人甚至猜測兩人關係最差時，甚至反目。

比如那首《聲聲慢》，一句「尋尋覓覓，冷冷清清，淒淒慘慘戚戚」，就有兩種說法。主流說法即是我上面提到過的那種，這首詞是她後期的作品，她的愁，愁的是國家和民生。另一種說法，則指出這是她中期的作品，愁的是自己被趙明誠冷落，怨的是趙明誠納妾。

李清照在《金石錄後序》中提到過，趙明誠死之前「取筆作詩，絕筆而終，殊無分香賣履之意」。「分香賣履」這個成語，源自三國時期的政治家、軍事家曹操，他在臨終前，放心不下自己的妻妾，還有圈養的歌姬舞姬，做了一番妥善的安置。

她提到「殊無分香賣履之意」，就是說趙明誠並不記掛自己的妾，但也側面說明了趙明誠曾經納妾，多半是在兩人被迫分居的那段時間。

我們不能以現代社會的眼光去定義古人，去罵趙明誠是個「渣男」，畢竟在宋朝這個大環境下，文人們逛逛花街柳巷也比較普遍。再說，妻與妾的地位天壤之別，一個是要白頭偕老的愛人，另一個則是只有肉欲的情人，而以趙明誠的文學修養來說，除了李清照，又有哪個女人能理解他的志向呢？誰都知道應該怎麼選，趙明誠臨終前的表現，也能說明這一點。

李清照怨嗎？或許怨過，但她從小接受古代傳統教育，又在當時那個大環境裡，大概很快就想通這些了。她趙夫人的身分穩穩當當，趙明誠一顆心也全在她的身上，所以除了被迫分居的那幾年，趙明誠每到一個地方上任，只要一穩定就會把李清照接過去團聚。而從李清照在《金石錄後序》中寫的內容來看，她眼中的趙明誠對她的感情真摯深沉、至死不渝，這便夠了。

趙明誠去世後，李清照沒有消沉，把一腔情感寄託在詩文上。她晚年最大的願望就是看到國家強大，收回故土，而她也能重新站在那片承載了兩人記憶的土地上。只可惜，到最後她也沒能看到那一天，只能嘆息著留下了一句「千古風流八詠樓，江山留與後人愁」。

高寶書版集團
gobooks.com.tw

新視野 New Window 243
活得漂亮，是姊的本事
8 位古代女傳奇的逆襲！用才華粉碎偏見與束縛，為自己的人生做主

作　　者　季無雲
責任編輯　吳珮旻
封面設計　林政嘉
排　　版　賴姵均
企　　劃　鍾惠鈞
版　　權　張莎凌

發 行 人　朱凱蕾
出　　版　英屬維京群島商高寶國際有限公司台灣分公司
　　　　　Global Group Holdings, Ltd.
地　　址　台北市內湖區洲子街 88 號 3 樓
網　　址　gobooks.com.tw
電　　話　(02) 27992788
電　　郵　readers@gobooks.com.tw（讀者服務部）
傳　　真　出版部　(02) 27990909　行銷部 (02) 27993088
郵政劃撥　19394552
戶　　名　英屬維京群島商高寶國際有限公司台灣分公司
發　　行　英屬維京群島商高寶國際有限公司台灣分公司
初版日期　2022 年 7 月

經上海風炫文化傳媒股份有限公司授權出版本書

國家圖書館出版品預行編目（CIP）資料

活得漂亮，是姊的本事：8 位古代女傳奇的逆襲！用才華粉碎偏見與束縛，為自己的人生做主 / 季無雲著 . -- 初版 . -- 臺北市：英屬維京群島商高寶國際有限公司臺灣分公司，2022.07
　面；　公分 . -- (新視野 243)

ISBN 978-986-506-460-0 (平裝)

1.CST: 女性傳記　2.CST: 中國

782.22　　111008743

GOBOOKS
& SITAK
GROUP